# 기출 섞은 문법문제

2024
조태정 영어

합격으로 가는 길

## 기출 섞은 문법문제, <기.섞.문.>을 출간하며

뜨거운 여름이 지나가고 가을이 다가오는 듯 합니다.
계절과 상관없이 수험생의 시간은 흘러갑니다.
그 시간을 온전히 견뎌내고 계절이 바뀐 후에는 합격의 기쁨을 마음껏 누리시길 소망합니다.

본격적인 기출 시즌이 시작되었습니다.
내년 시험을 위한 제대로 된 수험 공부의 출발점이 바로 지금부터라고 해도 과언이 아닐 정도로 중요한 시기죠.

공무원 시험에서 기출의 중요성은 대단히 큽니다.
그 중 영어 과목에 있어 기출의 역할은 우리 시험에서 어떤 포인트들을 어떤 식으로 적용시켜 출제하는지 파악하는 것에 있습니다.
물론, 이 부분은 저, 바로 강사의 몫입니다.
여러분은 제가 알려드리는 포인트들과 접근법을 토대로 문제를 풀어내시면 됩니다.

〈기.섞.문.〉은
우리 수험생 여러분들께 영어 과목에 있어 이런 기출의 역할을 톡톡히 수행토록 하고자 출간하게 되었습니다.

☆ 따끈따끈한 2023년 기출 문제부터 최근 7개년 문법 문제를 총망라하였습니다.
☆ 기출된 문법 문제들을 무작위로 섞어, 기존 기출에 익숙해져 있을 수험생들에게 보다 넓은 시야를 선사할 수 있습니다.
☆ 경찰/소방/7급/서울시 기출 문제들을 인혁처의 출제 경향에 맞게 새롭게 변형하여 문제 적용력을 높이도록 했습니다.
☆ 리그래머 125 포인트와 더불어, 기출 포인트 정리에 최적화되어 있습니다.

수험생 여러분들의 공부 시간은 최소화하면서, 효율은 극대화할 수 있도록 언제나 연구하고 노력하고 있습니다. 그 과정에서 새롭게 탄생한 〈기.섞.문.〉 또한 여러분의 학습에 큰 도움이 되어 줄 것으로 기대하고 있습니다. 배속을 올려서 강의와 병행하면 놓친 부분, 잘못 짚은 부분 등을 체크하며 약점을 보완하고 문제 적용력을 향상시키는 데에 효과적일 것으로 보입니다.

언제나 여러분의 합격을 응원합니다.
그리고 여러분의 합격까지 언제나 함께 하겠습니다. 감사합니다.

조태정 드림

# OVERVIEW

### 기출 섞은 문법문제 125개

인사혁신처에서 출제한 최근 7개년 기출된 문법 문제의 선택지를 섞어 새로운 느낌으로 문제를 재구성 하였습니다. 더불어 최근 출제된 문제를 우선 배치하여 최근의 기출 경향부터 학습할 수 있도록 하였습니다.

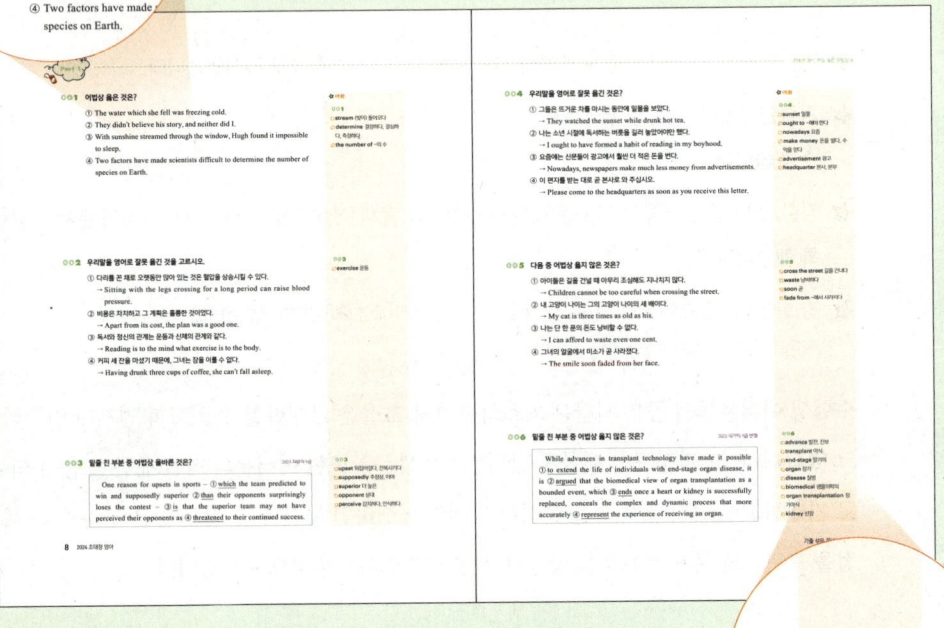

### 필수 어휘

기출 문제에 포함된 어휘를 간략히 정리하여 문제와 나란히 배치하였습니다. 문제 풀이뿐 아니라, 문법 문제를 풀면서도 실제 시험에 출제되었던 어휘들을 자연스럽게 습득하는 데 도움이 될 것입니다.

## 자세한 해설

문제의 출제 의도와 함께, 각 선택지마다 정·오답의 이유를 정확히 설명합니다. 문제 해결 TIP 등 풀이에 필요한 모든 정보는 물론, 〈조태정 영어 리그래머 합격문법 125〉의 해당 POINT를 수록하여 학습에 편의를 더하였습니다.

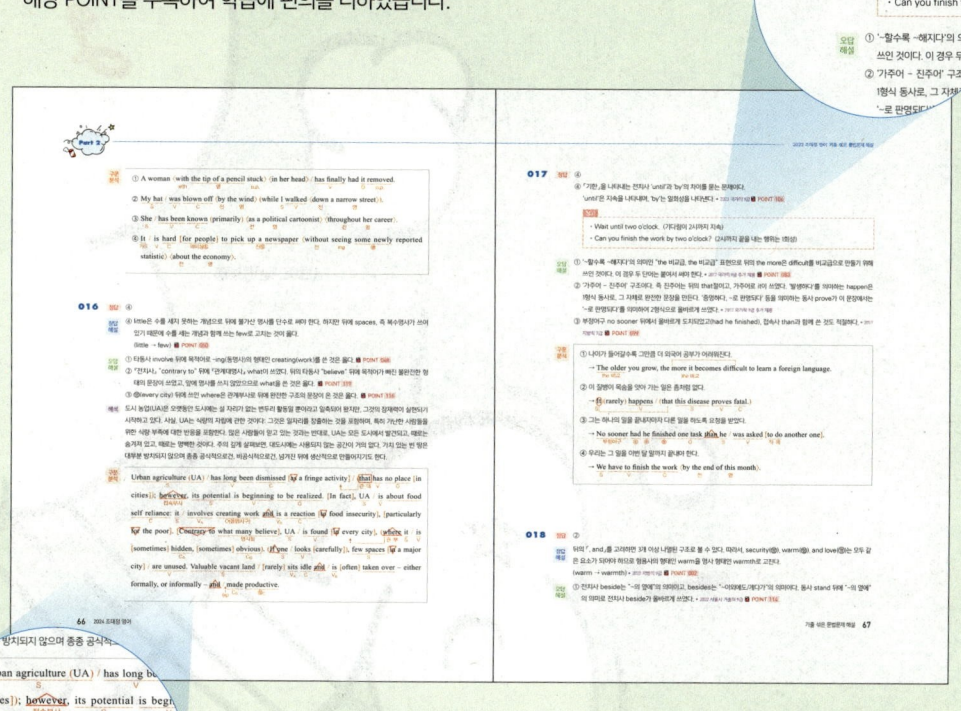

## 철저한 구문 분석

문장 구조를 정확하게 분석하는 것은 문제를 푸는 데 기본이 되는 과정입니다. 본 교재에서는 선택지, 지문을 모두 하나하나 끊어 분석한 구문 분석을 제공합니다. 단순히 문제의 정답 맞추기를 넘어 어떤 문제가 출제되더라도 해결할 수 있는 기본 실력을 키우는 데 도움이 될 것입니다.

## Part 1

**001** 어법상 옳은 것은?

① The water which she fell was freezing cold.
② They didn't believe his story, and neither did I.
③ With sunshine streamed through the window, Hugh found it impossible to sleep.
④ Rich as if you may be, you can't buy sincere friends.

**002** 우리말을 영어로 잘못 옮긴 것을 고르시오.

① 다리를 꼰 채로 오랫동안 앉아 있는 것은 혈압을 상승시킬 수 있다.
→ Sitting with the legs crossing for a long period can raise blood pressure.
② 비용은 차치하고 그 계획은 훌륭한 것이었다.
→ Apart from its cost, the plan was a good one.
③ 독서와 정신의 관계는 운동과 신체의 관계와 같다.
→ Reading is to the mind what exercise is to the body.
④ 커피 세 잔을 마셨기 때문에, 그녀는 잠을 이룰 수 없다.
→ Having drunk three cups of coffee, she can't fall asleep.

**003** 밑줄 친 부분 중 어법상 올바른 것은?　　　　　　　　　**2023 지방직 9급**

One reason for upsets in sports – ① which the team predicted to win and supposedly superior ② than their opponents surprisingly loses the contest – ③ is that the superior team may not have perceived their opponents as ④ threatened to their continued success.

**004** 우리말을 영어로 잘못 옮긴 것은?

① 그들은 뜨거운 차를 마시는 동안에 일몰을 보았다.
→ They watched the sunset while drunk hot tea.
② 나는 소년 시절에 독서하는 버릇을 길러 놓았어야만 했다.
→ I ought to have formed a habit of reading in my boyhood.
③ 요즘에는 신문들이 광고에서 훨씬 더 적은 돈을 번다.
→ Nowadays, newspapers make much less money from advertisements.
④ 이 편지를 받는 대로 곧 본사로 와 주십시오.
→ Please come to the headquarters as soon as you reccive this letter.

**005** 다음 중 어법상 옳지 않은 것은?

① 아이들은 길을 건널 때 아무리 조심해도 지나치지 않다.
→ Children cannot be too careful when crossing the street.
② 내 고양이 나이는 그의 고양이 나이의 세 배이다.
→ My cat is three times as old as his.
③ 나는 단 한 푼의 돈도 낭비할 수 없다.
→ I can afford to waste even one cent.
④ 그녀의 얼굴에서 미소가 곧 사라졌다.
→ The smile soon faded from her face.

**006** 밑줄 친 부분 중 어법상 옳지 않은 것은? 2023 국가직 9급 변형

While advances in transplant technology have made it possible ① to extend the life of individuals with end-stage organ disease, it is ② argued that the biomedical view of organ transplantation as a bounded event, which ③ ends once a heart or kidney is successfully replaced, conceals the complex and dynamic process that more accurately ④ represent the experience of receiving an organ.

## 007  어법상 옳지 않은 것은?

① Hardly did she enter the house when someone turned on the light.
② The homeless usually have great difficulty getting a job, so they are losing their hope.
③ Authorities hope that by issuing early warnings, they will help avoid major destruction and danger.
④ All assignments are expected to be turned in on time.

**007**
- homeless 집 없는
- have a difficulty -ing ~하는 데 어려움을 겪다
- destruction 파괴
- cone 콘, 원뿔
- turn something in 제출하다
- on time 제 시간에

## 008  다음 중 어법상 옳은 것은?  2022 서울시 기술직 9급 변형

Newspapers, journals, magazines, TV and radio, and professional or trade publications ① providing further ② informations that may help interpret the facts ③ giving in the annual report or on developments since the report ④ was published.

**008**
- newspapers 신문, 신문기사
- journal 저널
- magazine 잡지
- publication 출판물, 출판
- interpret 설명하다, 이해하다, 통역하다
- annual report 연간 보고서

## 009  우리말을 영어로 잘못 옮긴 것은?

① 그 클럽은 입소문을 통해서 인기를 얻었다.
  → The club became popular by word of mouth.
② 환자들과 부상자들을 돌보기 위해 더 많은 의사가 필요했다.
  → More doctors were required to tend sick and wounded.
③ 너는 비가 올 경우에 대비하여 우산을 갖고 가는 게 낫겠다.
  → You had better take an umbrella in case it rains.
④ 설상가상으로, 또 다른 태풍이 곧 올 것이라는 보도가 있다.
  → To make matters worse, there is a report that another typhoon will arrive soon.

**009**
- by word of mouth 사람들의 입에서 입으로
- to make matters worse 설상가상으로
- typhoon 태풍, 폭풍

## 010 어법상 옳지 않은 것은?

① I must have gone this morning, but I was feeling a bit ill.
② You might think that just eating a lot of vegetables will keep you perfectly healthy.
③ She approached me timidly from the farther end of the room, and trembling slightly, sat down beside me.
④ When she felt sorrowful, she used to turn toward the window, where nothing faced her but the lonely landscape.

## 011 다음 중 어법상 옳지 않은 것은?

2022 서울시 기술직 9급 변형

People have opportunities ① to behave in sustainable ways every day when they get dressed, and fashion, when ② created within a broad understanding of sustainability, can sustain people as well as the environment. People have a desire to make socially responsible choices ③ regarding the fashions they purchase. As designers and product developers of fashion, we are challenged to provide responsible choices. We need to stretch the perception of fashion to remain open to the many ④ layer and complexity that exist. The people, processes, and environments that embody fashion are also calling for new sustainable directions. What a fabulous opportunity awaits!

### 012  우리말을 영어로 잘못 옮긴 것은?

① 과거 경력 덕분에 그는 그 프로젝트에 적합하였다.
  → His past experience made him suited for the project.
② 그는 10년 동안 외국에 있었기 때문에 영어를 매우 유창하게 말할 수 있다.
  → Having been abroad for ten years, he can speak English very fluently.
③ 대다수의 기관에서 가장 중요한 것은 유능한 관리자들을 두는 것이다.
  → What matters most in the majority of organizations is having competent managers.
④ 중개인은 그녀에게 즉시 주식을 사라고 권했다.
  → The broker recommended that she buys the stocks immediately.

**어휘**

**012**
- past experience 과거 경력
- fluently 유창하게
- organization 조직, 단체, 기구
- competent 유능한, 능력 있는
- stock 주식
- immediately 즉시

### 013  다음 중 어법상 옳은 것은?  2022 국가직 9급 변형

> To find a good starting point, one must return to the year 1800 during which the first modern electric battery was developed. Italian Alessandro Volta ① <u>founded</u> that a combination of silver, copper, and zinc ② <u>were</u> ideal for producing an electrical current. The enhanced design, called a Voltaic pile, was made ③ <u>by stacking</u> some discs made from these metals between discs made of cardboard soaked in sea water. There was such talk about Volta's work ④ <u>what</u> he was requested to conduct a demonstration before the Emperor Napoleon himself.

**013**
- starting point 출발지, 출발점
- copper 구리
- zinc 아연
- electrical current 전류
- stack 쌓다, 포개다
- demonstration 증명, 설명, 시위

### 014  우리말을 영어로 잘못 옮긴 것은?

① 폭우로 인해 그 강은 120cm 상승했다.
  → Owing to the heavy rain, the river has risen by 120cm.
② 나는 눈 오는 날 밖에 나가는 것보다 집에 있는 것을 더 좋아한다.
  → I prefer to staying home than to going out on a snowy day.
③ 높은 굽이 항상 여성에게 국한된 패션 품목은 아니었다.
  → High heels were not always a fashion item limited to women.
④ 그 그림은 미술 평론가에 의해 주의 깊게 살펴보아졌다.
  → The picture was looked at carefully by the art critic.

**014**
- owing to ~ 때문에, ~ 덕분에
- prefer 선호하다, 좋아하다
- go out 외출하다, 나가다
- not always 언제나 ~인 것은 아니다
- limited 한정된
- carefully 신중하게, 주의 깊게
- art critic 예술비평

**015** 어법상 가장 옳은 것은?

① A woman with the tip of a pencil stuck in her head has finally had it remove.
② My hat was blown off by the wind while walking down a narrow street.
③ She has known primarily as a political cartoonist throughout her career.
④ It is hard that people pick up a newspaper without seeing some newly reported statistic about the economy.

**016** 다음 중 어법상 옳지 않은 것은? 2021 국가직 9급 변형

> Urban agriculture (UA) has long been dismissed as a fringe activity that has no place in cities; however, its potential is beginning to be realized. In fact, UA is about food self reliance: it involves ① creating work and is a reaction to food insecurity, particularly for the poor. Contrary to ② what many believe, UA is found in every city, ③ where it is sometimes hidden, sometimes obvious. If one looks carefully, ④ little spaces in a major city are unused. Valuable vacant land rarely sits idle and is often taken over – either formally, or informally – and made productive.

**017** 우리말을 영어로 잘못 옮긴 것은?

① 나이가 들어갈수록 그만큼 더 외국어 공부가 어려워진다.
→ The older you grow, the more difficult it becomes to learn a foreign language.
② 이 질병이 목숨을 앗아 가는 일은 좀처럼 없다.
→ It rarely happens that this disease proves fatal.
③ 그는 하나의 일을 끝내자마자 다른 일을 하도록 요청을 받았다.
→ No sooner had he finished one task than he was asked to do another one.
④ 우리는 그 일을 이번 달 말까지 끝내야 한다.
→ We have to finish the work until the end of this month.

### 018 어법상 가장 옳지 않은 것은?

① An ugly, old, yellow tin bucket stood beside the stove.
② My home offers me a feeling of security, warm, and love.
③ The number of car accidents is on the rise.
④ These days we do not save as much money as we used to.

### 019 다음 중 어법상 옳지 않은 것은? 2021 소방직 변형

Honey's role as a primary sweetener was challenged by the rise of sugar. Initially made from the sweet juice of sugar cane, sugar in medieval times was very expensive and time-consuming ① to produce. By the eighteenth century, however, sugar — ② due to the use of slave labor on colonial plantations — had become more affordable and available. Honey is today ③ very expensive than sugar or other artificial sweeteners. While ④ considered as something of a luxury rather than an essential, honey is still regarded with affection, and, interestingly, it continues to be seen as an ingredient with special, health-giving properties.

### 020 우리말을 영어로 잘못 옮긴 것은?

① 뒤쪽은 너무 멀어요. 중간에 앉는 걸로 타협합시다.
→ The back is too far away. Let's promise and sit in the middle.
② 그녀는 이틀에 한 번 머리를 감는다.
→ She washes her hair every other day.
③ 그를 당황하게 한 것은 그녀의 거절이 아니라 그녀의 무례함이었다.
→ It was not her refusal but her rudeness that perplexed him.
④ 부모는 아이들 앞에서 그들의 말과 행동에 대해 아무리 신중해도 지나치지 않다.
→ Parents cannot be too careful about their words and actions before their children.

**021** 다음 중 어법상 옳지 않은 것은?  2020 소방직 변형

It can be difficult in the mornings, especially on cold or rainy days. The blankets are just too warm and comfortable. And we aren't usually excited about going to class or the office. Here ① is a few tricks to make waking up early, easier. First of all, you have to make a definite decision to get up early. Next, set your alarm for an hour ② earlier than you need to. This way, you can relax in the morning instead of rushing around. Finally, one of the ③ main reasons we don't want to get out of bed in the morning is that we don't sleep well during the night. That's why we don't wake up well-rested. Make sure to keep your room ④ as dark as possible. Night lights, digital clocks, and cell phone power lights can all prevent good rest.

**022** 어법상 가장 옳지 않은 것은?

① He asked me why I kept coming back day after day.
② Send her word to have her place cleaning up.
③ Alive, she had been a tradition, a duty, and a care.
④ Insects are often attracted by scents that aren't obvious to us.

**023** 어법상 가장 옳은 것은?

① The poverty rate is the percentage of the population which family income falls below an absolute level.
② A horse should be fed according to its individual needs and the nature of its work.
③ Even young children like to be complimented for a job done good.
④ Despite the growth is continued in average income, the poverty rate has not declined.

## Part 1

**024** 다음 중 어법상 옳지 않은 것은?

2020 소방직 변형

Australia is burning, ① being ravaged by the worst bushfire season the country has seen in decades. So far, a total of 23 people have died nationwide from the blazes. The deadly wildfires, which have been raging since September, ② has already burned about 5 million hectares of land and destroyed more than 1,500 homes. State and federal authorities have deployed 3,000 army reservists to contain the blaze, but are ③ struggling, even with firefighting assistance from other countries, including Canada. Fanning the flames are persistent heat and drought, with many pointing to climate change ④ as a key factor for the intensity of this year's natural disasters.

**어휘**

**024**
- ravage 황폐화시키다, 유린하다
- rage 맹렬히 계속되다, 격노
- deploy 배치하다
- reservist 예비군
- intensity 강렬함, 격렬함

**025** 우리말을 영어로 잘못 옮긴 것을 고르시오.

① 식사를 마치자마자 나는 다시 배고프기 시작했다.
  → No sooner I have finishing the meal than I started feeling hungry again.
② 친절한 사람이어서, 그녀는 모든 이에게 사랑받는다.
  → Being a kind person, she is loved by everyone.
③ 모든 점이 고려된다면, 그녀가 그 직위에 가장 적임인 사람이다.
  → All things considered, she is the best-qualified person for the position.
④ 그는 대학에서 의학을 공부했으나 결국 회계 회사에서 일하게 되었다.
  → He studied medicine at university but ended up working for an accounting firm.

**025**
- no sooner ~하자마자
- medicine 의학, 약
- end up -ing 결국 -하게 되다
- accounting 회계

**026** 다음 중 어법상 옳은 것은?  *2020 지방직 9급 변형*

> Elizabeth Taylor had an eye for beautiful jewels and over the years amassed some amazing pieces, once ① <u>declaring</u> "a girl can always have more diamonds." In 2011, her finest jewels were sold by Christie's at an evening auction ② <u>what</u> brought in $115.9 million. Among her most prized possessions sold ③ <u>while</u> the evening sale ④ <u>were</u> a 1961 bejeweled timepiece by Bulgari. Designed as a serpent to coil around the wrist, with its head and tail covered with diamonds and having two hypnotic emerald eyes, a discreet mechanism opens its fierce jaws to reveal a tiny quartz watch.

**027** 우리말을 영어로 잘못 옮긴 것은?

① 그녀는 사임하는 것 외에는 대안이 없었다.
  → She had no alternative but to resign.
② 나는 5년 후에 내 사업을 시작할 작정이다.
  → I'm aiming to start my own business in five years.
③ 우리가 영어를 단시간에 배우는 것은 결코 쉬운 일이 아니다.
  → It is by no means easy for us to learn English in a short time.
④ 우리 인생에서 시간보다 더 소중한 것은 없다.
  → Nothing is more precious as time in our life.

**028** 어법상 가장 옳지 않은 것은?

① It is the most perfect copier ever invented.
② John was very frightening her.
③ You can write on both sides of the paper.
④ Had I realized what you were intending to do, I would have stopped you.

### 어휘

**026**
- jewel 보석
- amass 모으다, 축적하다
- auction 경매, 공매
- prized 소중한
- possession 소유
- bejeweled 보석을 두른
- timepiece 시계
- serpent (특히 큰)뱀
- coil 감다, 휘감다
- wrist 손목
- hypnotic 최면을 거는 듯한, 최면술의
- discreet 분별있는, 신중한
- mechanism 기계, 기구, 구조
- fierce 사나운, 험악한, 맹렬한
- jaw 턱
- reveal 드러내다, 알리다
- quartz watch 수정 시계

**027**
- alternative 대안
- resign 사임하다, 그만두다
- aim to ~할 작정이다, ~를 목표로 하다
- by no means 절대 ~아니다
- in a short time 단시간에

**028**
- copier 복사기
- paper 종이
- realize 깨닫다
- intend 의도하다

**029** 다음 중 어법상 옳은 것은?   2019 소방직 변형

When people think of the word philanthropist, they're apt to picture a grand lady in pearls ① written out checks with a lot of zeros. But the root meaning of philanthropy is ② very more universal and accessible. In other words, it doesn't mean "writing big checks." Rather, a philanthropist tries to make a difference with whatever riches he or she possesses. For ③ most of us, it's not money — especially these days — but things ④ alike our talents, our time, our decisions, our body, and our energy that are our most valuable assets.

**030** 어법상 가장 옳지 않은 것은?

① With nothing left, she would have to cling to that which had robbed her.
② Toys children wanted all year long has recently discarded.
③ She is someone who is always ready to lend a helping hand.
④ Will you accuse a lady to her face of smelling bad?

**031** 어법상 옳지 않은 것은?

① A few words caught in passing set me thinking.
② We drove on to the hotel, from whose balcony we could look down at the town.
③ She easily believes what others say.
④ The volcano locates in the center of Gulf National Park, where many people come to camp and climb.

## 032 다음 중 어법상 옳은 것은?

2019 국가직 9급 변형

A myth is a narrative that embodies — and in some cases helps ① explaining — the religious, philosophical, moral, and political values of a culture. Through tales of gods and supernatural beings, myths try to make sense of occurrences in the natural world. Contrary to popular usage, myth does not mean "falsehood." In the broadest sense, myths are stories — usually whole groups of stories — ② what can be true or partly true as well as false; regardless of their degree of accuracy, however, myths frequently express the deepest beliefs of a culture. ③ According as this definition, the Iliad and the Odyssey, the Koran, and the Old and New Testaments can all ④ be referred to as myths.

### 어휘

**032**
- myth 신화, 전설
- narrative 이야기
- embody 구체화하다
- in some cases 때로는
- religious 종교적인
- philosophical 철학의
- moral 도덕의
- political 정치의
- tale 이야기, 설화
- supernatural beings 초자연적인 것
- make sense 의미가 통하다, 이해가 되다, 타당하다
- occurrence 발생, 출현
- contrary to ~에 반해서
- usage 사용, 활용
- falsehood 거짓말, 허언
- as well as ~뿐만 아니라
- regardless of ~에 상관없이
- accuracy 정확, 정확도
- belief 신념, 확신
- according to ~에 따르면
- definition 정의

## 033 우리말을 영어로 잘못 옮긴 것은?

① 제가 당신께 말씀드렸던 새로운 선생님은 원래 페루 출신입니다.
→ The new teacher I told you about is originally from Peru.

② 가능한 한 빨리 제가 결과를 알도록 해 주세요.
→ Please let me know the result as soon as possible.

③ 그는 학생들에게 모르는 사람들에게 전화를 걸어 성금을 기부할 것을 부탁하도록 시켰다.
→ He had the students phone strangers and ask them to donate money.

④ 나는 긴급한 일로 자정이 5분이나 지난 후 그에게 전화했다.
→ I called him five minutes shy of midnight on an urgent matter.

**033**
- as soon as possible 되도록 빨리
- stranger 낯선 사람
- donate 기부하다
- shy of 부족한
- midnight 자정
- urgent 긴급한

**034** 다음 중 어법상 옳은 것은?

2019 지방직 9급 변형

> Each year, more than 270,000 pedestrians lose their lives on the world's roads. Many ① leave from their homes as they would on any given day never to return. Globally, pedestrians constitute 22% of all road traffic fatalities, and in some countries this proportion is ② as highly as two thirds of all road traffic deaths. Millions of pedestrians are non-fatally ③ injured — ④ some of them are left with permanent disabilities. These incidents cause much suffering and grief as well as economic hardship.

**어휘**

**034**
- pedestrian 보행자
- constitute 구성하다
- traffic fatality 교통사고 사망률
- proportion 비율
- fatally 치명적으로
- injure 부상을 입히다
- permanent 영구적인
- disability 신체장애
- incident 사고
- suffering 괴로움, 고통
- grief 슬픔
- as well as ~뿐만 아니라
- economic 경제의
- hardship 고난, 어려움

**035** 우리말을 영어로 잘못 옮긴 것을 고르시오.

① 상어로 보이는 것이 산호 뒤에 숨어 있었다.
→ What appeared to be a shark was lurking behind the coral reef.

② 그녀는 일요일에 16세의 친구와 함께 산 정상에 올랐다.
→ She reached the mountain summit with her 16-year-old friend on Sunday.

③ 경찰 당국은 자신의 이웃을 공격했기 때문에 그 여성을 체포하도록 했다.
→ The police authorities had the woman arrest for attacking her neighbor.

④ 네가 내는 소음 때문에 내 집중력을 잃게 하지 말아라.
→ Don't let me be distracted by the noise you make.

**035**
- lurk 숨어 있다
- coral reef 산호초
- summit 정상, 산꼭대기
- police authority 경찰권
- arrest 체포하다
- distract 집중이 안 되게 하다, 딴 데로 돌리다
- noise 소리, 소음

**036** 다음 중 어법상 옳지 않은 것은?　　　2019 소방직 변형

> Curiosity is the state of mind ① in which we are driven to go beyond what we already know and to seek what is novel, new, and unexplored. Without regular activation of the brain's curiosity circuits, we can subtly settle into what is overly familiar, routine, and ② predictable. These are not bad things, but excessively predictable lives can lead to stagnation. Indeed, this may be ③ one of the reasons so many people struggle early in their retirement. While it can be nice to leave the stress of work behind, the lack of challenge, stimulation, or novelty ④ are sometimes a high price to pay.

**037** 어법상 옳은 것은?

① Two factors have made scientists difficult to determine the number of species on Earth.
② It was such a beautiful meteor storm that we watched it all night.
③ Upon arrived, he took full advantage of the new environment.
④ He felt enough comfortable to tell me about something he wanted to do.

**038** 우리말을 영어로 가장 잘 옮긴 것을 고르시오.

① 그들은 참 친절한 사람들이야!
　→ They're so kind people!
② 그는 내가 일을 열심히 했기 때문에 월급을 올려 주겠다고 말했다.
　→ He said he would rise my salary because I worked hard.
③ 가장 쉬운 해결책은 아무 일도 하지 않는 것이다.
　→ The most easiest solution is to do nothing.
④ Cindy는 피아노 치는 것을 매우 좋아했고, 그녀의 아들도 그랬다.
　→ Cindy loved playing the piano, and so did her son.

## Part 1

**039** 다음 중 어법상 옳지 않은 것은?

2019 서울시 추가채용 변형

In the fifteenth century, an alphasyllabic Korean script ① was invented. Linguists admire it as it symbolizes the speech sounds in a ② sophisticated and very elegant way. The script, called Hangul, can be used in tandem with the Chinese characters but can also replace ③ them altogether. Slowly, Hangul has taken over. In North Korea, only Hangul is used, while in South Korea, Chinese characters still ④ are occured in particular contexts.

☆ 어휘

**039**
- Korean script 훈민정음
- linguist 언어학자
- admire 찬사를 보내다
- sophisticated 세련된, 정교한
- tandem 따라, 같이, 동시에
- take over 대체하다
- particular 특정한
- context 상황, 문맥

**040** 우리말을 영어로 잘못 옮긴 것을 고르시오.

① 인간은 환경에 자신을 빨리 적응시킨다.
  → Human beings quickly adapt themselves to the environment.
② 그의 소설들은 읽기가 어렵다.
  → His novels are hard to read.
③ 나의 집은 5년마다 페인트칠된다.
  → My house is painted every five years.
④ 그 회사는 그가 부회장으로 승진하는 것을 금했다.
  → The company prohibited him from promoting to vice-president.

**040**
- human being 인간, 사람, 인류
- adapt 적응시키다
- environment 환경
- novel 소설
- company 회사, 떼

**041** 어법상 옳은 것은?

① The traffic of a big city is busier than those of a small city.
② I'll think of you when I'll be lying on the beach next week.
③ This guide book tells you where should you visit in Hong Kong.
④ I was born in Taiwan, but I have lived in Korea since I started work.

**041**
- traffic 교통
- big city 대도시
- guide book 여행 안내서
- Taiwan 대만, 타이완

## 042 다음 중 어법상 옳지 않은 것은?

2019 서울시 추가채용 변형

> Social psychologists at the University of Virginia asked college students ① to stand at the base of a hill ② while carrying a weighted backpack and estimate the steepness of the hill. Some participants stood next to close friends ③ whom they had known for a long time, some stood next to friends they had not known for long, some stood next to strangers, and the others stood alone ④ while the exercise. The participants who stood with close friends gave significantly lower estimates of the steepness of the hill than those who stood alone, next to strangers, or next to newly formed friends.

## 043 어법상 옳은 것은?

① My sweet-natured daughter suddenly became unpredictably.
② She attempted a new method, and needless to say had different results.
③ The novel was so excited that I lost track of time and missed the bus.
④ It's not surprising that book stores don't carry newspapers any more, doesn't it?

## 044 어법상 옳지 않은 것은?

① Elements of income in a cash forecast will be vary according to the company's circumstances.
② The world's first digital camera was created by Steve Sasson at Eastman Kodak in 1975.
③ Providing the room is clean, I don't mind which hotel we stay at.
④ We'd been playing tennis for about half an hour when it started to rain heavily.

### 045 다음 중 어법상 옳지 않은 것은?

2019 서울시 추가채용 변형

This Abstract, which I now publish, must necessarily be imperfect. I cannot here give references and authorities for my several statements; and I must trust to the reader ① <u>reposing</u> some confidence in my accuracy. No doubt errors will have crept in, ② <u>though</u> I hope I have always been cautious in trusting to good authorities alone. I can here give only the general conclusions ③ <u>at which</u> I have arrived, with a few facts in illustration, but which, I hope, in most cases will suffice. No one can feel more ④ <u>sensibly</u> than I do of the necessity of hereafter publishing in detail all the facts, with references, on which my conclusions have been grounded; and I hope in a future work to do this. For I am well aware that scarcely a single point is discussed in this volume on which facts cannot be adduced, often apparently leading to conclusions directly opposite to those at which I have arrived. A fair result can be obtained only by fully stating and balancing the facts and arguments on both sides of each question; and this cannot possibly be here done.

### 046 다음 문장 중 어법상 가장 적절하지 않은 것은?

① Fire following an earthquake is of special interest to the insurance industry.
② I'm feeling sick. I shouldn't have eaten so much.
③ Most of the suggestions made at the meeting was not very practical.
④ Word processors were considered to be the ultimate tool for a typist in the past.

**047** 다음 중 어법상 옳지 않은 것은?  2019 서울시 9급 변형

> There is a ① more serious problem than maintaining the cities. As people become more ② comfortably working alone, they may become less social. It's easier ③ to stay home in comfortable exercise clothes or a bathrobe than ④ to get dressed for yet another business meeting!

**어휘**
**047**
- serious 심각한
- maintain 유지하다
- comfortable 편한
- bathrobe 목욕 가운, 실내용 가운

**048** 우리말을 영어로 잘못 옮긴 것은?

① 학생들을 설득하려고 해 봐야 소용없다.
 → It is no use trying to persuade the students.
② 내가 출근할 때 한 가족이 위층에 이사 오는 것을 보았다.
 → As I went out for work, I saw a family moved in upstairs.
③ 그녀는 그 사고 때문에 그녀의 목표를 포기할 수밖에 없었다.
 → She had no choice but to give up her goal because of the accident.
④ 그 장난감 자동차를 조립하고 분리하는 것은 쉽다.
 → It is easy to assemble and take apart the toy car.

**048**
- it is no use -ing ~하는 데 소용이 없다
- persuade 설득하다, ~하게 만들다
- go out 나가다, 가다
- upstairs 위층에, 위층으로
- accident 사고
- assemble 모으다, 집합시키다
- take apart 분해하다, 해체하다

**049** 우리말을 영어로 가장 잘 옮긴 것을 고르시오.

① 나는 너의 답장을 가능한 한 빨리 받기를 고대한다.
 → I look forward to receive your reply as soon as possible.
② 그 위원회는 그 건물의 건설을 중단하라고 명했다.
 → The committee commanded that construction of the building cease.
③ 그의 스마트 도시 계획은 고려할 만했다.
 → His plan for the smart city was worth considered.
④ 거의 모든 식물의 씨앗은 혹독한 날씨에도 살아남는다.
 → The seeds of most plants are survived by harsh weather.

**049**
- look forward to -ing ~을 고대하다
- committee 위원회, 위원
- command 명령하다, 호령하다
- construction 건설, 건축, 구성
- seed 씨앗

**050** 다음 중 어법상 옳은 것은?  2019 서울시 9급 변형

By 1955 Nikita Khrushchev ① had been emerged as Stalin's successor in the USSR, and he ② embarked on a policy of "peaceful coexistence" whereby East and West ③ was to continue ④ its competition, but in a less confrontational manner.

**어휘**

050
- emerge 나오다, 나타나다
- successor 계승자, 상속자
- embark on ~에 착수하다
- policy 정책
- peaceful coexistence 평화 공존
- competition 경쟁
- confrontational 대립을 일삼는

**051** 어법상 옳은 것은?

① I must leave right now because I am starting work at noon today.
② Her lack of degree kept her advancing.
③ He has to write an essay on if or not the death penalty should be abolished.
④ The Christmas party was really excited and I totally lost track of time.

051
- degree 학위, 정도
- death penalty 사형
- abolish 폐지하다

**052** 다음 문장 중 어법상 가장 적절하지 않은 것은?

① Making eye contact with the person you are speaking is important in western countries.
② It turns out that he was not so stingy as he was thought to be.
③ Written in plain English, the book has been read by many people.
④ When I met her for the first time, I couldn't help but fall in love with her.

052
- turn out 밝혀지다, 판명되다
- stingy 인색한
- in plain english 쉬운 영어로, 알기 쉽게 말하면

### 053 다음 중 어법상 옳은 것은?
2019 서울시 9급 변형

Inventor Elias Howe attributed the discovery of the sewing machine ① for a dream ② in which he was captured by cannibals. He noticed as they danced around him that there ③ was holes at the tips of spears, and he realized this was the design feature he needed ④ it to solve his problem.

### 054 우리말을 영어로 가장 잘 옮긴 것은?

① 그녀는 곰 인형을 하나 가지고 있었는데, 인형 눈이 양쪽 다 떨어져 나가고 없었다.
  → She had a teddy bear, both of whose eyes were missing.
② 애들 옷 입히고 잠자리 좀 봐 줄래요?
  → After you've got the children dress, can you make the beds?
③ 몇 가지 문제가 새로운 회원들 때문에 생겼다.
  → Several problems have raised due to the new members.
④ 그들은 한 시간에 40마일이 넘는 바람과 싸워야 했다.
  → They had to fight against winds that will blow over 40 miles an hour.

### 055 다음 중 어법상 옳은 것은?
2019 국가직 9급 변형

Domesticated animals are the earliest and most effective 'machines' available to humans. They take the strain off the human back and arms. ① Utilizing with other techniques, animals can ② rise human living standards very considerably, both as supplementary foodstuffs (protein in meat and milk) and as machines to carry burdens, lift water, and ③ grinding grain. ④ Since they are so obviously of great benefit, we might expect to find that over the centuries humans would increase the number and quality of the animals they kept. Surprisingly, this has not usually been the case.

**056** 어법상 옳은 것은?

① Raisins were once an expensive food, and only the wealth ate them.
② The intensity of a color is related to how much gray the color contains.
③ Of the billions of stars in the galaxy, how much are able to hatch life?
④ They used to loving books much more when they were younger.

**057** 다음 중 어법상 옳지 않은 것은?  2019 경찰 변형

> Each color has different qualities associated with it and ① affects our moods and feelings. Some combinations of colors naturally go well together while others can feel ② discordant. Take care not to bring too many colors into a room ③ due to this can confuse the energy and ④ end up being too stimulating.

**058** 다음 문장 중 어법상 가장 적절하지 않은 것은?

① No sooner had he seen me than he ran away.
② The speaker was not good at getting his ideas across to the audience.
③ Little I dreamed that he had told me a lie.
④ The traffic jams in Seoul are more serious than those in any other city in the world.

**059** 다음 중 어법상 가장 적절한 것은?

① The investigation had to be handled with the utmost care lest suspicion be aroused.
② I asked Siwoo to borrow me twenty dollars.
③ The manager refused to explain us the reason why he cancelled the meeting.
④ Another way to speed up the process would be made the shift to a new system.

**060** 우리말을 영어로 잘못 옮긴 것은?

① 지난여름 나의 사랑스러운 손자에게 일어난 일은 놀라웠다.
→ What happened to my lovely grandson last summer was amazing.
② 설문지를 완성하는 누구에게나 선물카드가 주어질 예정이다.
→ A gift card will be given to whomever completes the questionnaire.
③ 나무 숟가락은 아이들에게 매우 좋은 장난감이고 플라스틱 병 또한 그렇다.
→ Wooden spoons are excellent toys for children, and so are plastic bottles.
④ 지난달 내가 휴가를 요청했더라면 지금 하와이에 있을 텐데.
→ If I had asked for a vacation last month, I would be in Hawaii now.

**061** 다음 중 어법상 옳은 것은?  2019 서울시 9급 변형

Squid, octopuses, and cuttlefish are all types of cephalopods. Each of these animals ① has special cells under its skin ② what contain pigment, a colored liquid. A cephalopod can move these cells toward or away from its skin. This allows it ③ changing the pattern and color of ④ it's appearance.

**062** 다음 중 어법상 가장 적절한 것은?

① The paper charged her with use the company's money for her own purposes.
② If the patient had taken the medicine last night, he would be better today.
③ The criminal suspect objected to give an answer when questioned by the police.
④ Burning fossil fuels is one of the lead cause of climate change.

**062**
- charge A with B A를 B로 기소하다, 고발하다
- purpose 목적
- criminal suspect 피의자
- object to -ing ~을 거부하다
- question 질문하다, 심문하다
- fossil fuel 화석 연료
- climate change 기후 변동

**063** 다음 우리말을 영작한 것 중 가장 적절한 것은?

① 나는 그에게 충고 한마디를 했다.
→ I gave him an advice.
② 나는 버팔로에 가 본 적이 없어서 그곳에 가기를 고대하고 있다.
→ I have never been to Buffalo, so I am looking forward to go there.
③ 나는 아직 오늘 신문을 못 읽었어. 뭐 재미있는 것 있니?
→ I have not read today's newspaper yet. Is there anything interested in it?
④ 우리가 나가자마자 비가 내리기 시작했다.
→ Scarcely had we gone out before it began to rain.

**063**
- advice 충고
- look forward to ~을 기대하다
- have been to ~에 가 본 적이 있다

**064** 밑줄 친 부분 중 어법상 옳지 않은 것은?    2018 서울시 9급 추가채용

I ① <u>convinced</u> that making pumpkin cake ② <u>from</u> scratch would be ③ <u>even</u> easier than ④ <u>making</u> cake from a box.

**064**
- convince 납득시키다, 확신시키다
- pumpkin 호박
- from scratch 맨 처음부터

**065** 우리말을 영어로 잘못 옮긴 것은?

① 나는 은퇴 후부터 내내 이 일을 해 오고 있다.
→ I have been doing this work ever since I retired.
② 개인용 컴퓨터를 가장 많이 가지고 있는 나라는 종종 바뀐다.
→ The country with the most computers per person changes from time to time.
③ 보증이 만료되어서 수리는 무료가 아니었다.
→ Since the warranty had expired, the repairs were not free of charge.
④ 그의 아버지가 갑자기 작년에 돌아가셨고, 설상가상으로 그의 어머니도 병에 걸리셨다.
→ His father suddenly passed away last year, and, what was worse, his mother became sick.

★ 어휘

**065**
□ retire 은퇴하다, 퇴직하다
□ from time to time 가끔
□ warranty 보증서
□ expire 만기되다, 끝나다
□ free of charge 무료로
□ pass way 사망하다
□ what is worse 설상가상으로

**066** 다음 문장에서 어법상 가장 적절한 것은?   2018 경찰 1차

- The police officer approached ① to the suspected murderer.
- Your baby looks ② lovely.
- He will explain ③ us how he could pass the test.
- He was ④ disappointing with the result of the test.

**067** 우리말을 영어로 옳게 옮긴 것은?

① 그녀의 발자국 소리는 서서히 멀어져 갔다.
→ The sound of her footsteps was receded into the distance.
② 버릇없는 그 소년은 아버지가 부르는 것을 못 들은 체했다.
→ The spoiled boy made it believe he didn't hear his father calling.
③ 벌과 꽃만큼 서로 밀접하게 연결되어있는 생명체는 거의 없다.
→ Few living things are linked together as intimately than bees and flowers.
④ 그는 며칠 전에 친구를 배웅하기 위해 역으로 갔다.
→ He went to the station a few days ago to see off his friend.

**067**
□ recede 멀어지다, 물러나다
□ spoiled 버릇없이 자란
□ make believe ~인 체하다
□ few 거의 없는
□ see off ~를 배웅하다

**068** 우리말을 영어로 잘못 옮긴 것은?

① 그것은 내게 지난 24년의 기억을 상기시켜 준다.
→ It reminds me of the memories of the past 24 years.

② 그녀는 남편과 결혼한 지 20년 이상 되었다.
→ She has married to her husband for more than two decades.

③ 나는 내 아들이 읽을 책을 한 권 사야 한다.
→ I should buy a book for my son to read.

④ 나는 대화할 때 내 눈을 보는 사람들을 좋아한다.
→ I like people who look me in the eye when I have a conversation.

**068**
□ remind 상기시키다
□ conversation 대화

**069** 밑줄 친 부분 중 어법상 옳은 것은?   2018 서울시 9급 변형

> I'm ① pleasing that I have enough clothes with me. American men are generally bigger than Japanese men so ② its very difficult to find clothes in Chicago that ③ fits me. ④ What is a medium size in Japan is a small size here.

**070** 우리말을 영어로 잘못 옮긴 것은?

① 혹시 내게 전화하고 싶은 경우에는 이게 내 번호야.
→ This is my number just in case you would like to call me.

② 나는 유럽 여행을 준비하느라 바쁘다.
→ I am busy preparing for a trip to Europe.

③ 나는 네 열쇠를 잃어버렸다고 네게 말한 것을 후회한다.
→ I regret to tell you that I lost your key.

④ 그 병원에서의 그의 경험은 그녀의 경험보다 더 나빴다.
→ His experience at the hospital was worse than hers.

**070**
□ in case ~하는 경우에 대비해서
□ be busy -ing ~하기에 바쁘다
□ experience 경험
□ worse 더 나쁜, 더 심한

**071** 어법상 가장 옳은 것은?

① They are looking forward to meet the President.
② Radioactive waste must be disposed of safely.
③ He was more skillful than any other baseball players in his class.
④ Hardly has the violinist finished his performance before the audience stood up and applauded.

**071**
- look forward to -ing ~을 기대하다
- radioactive waste 방사성 폐기물
- be disposed of 처리되다
- skillful 능숙한, 숙련된
- audience 청중, 관중
- applaud 박수갈채를 보내다

**072** 밑줄 친 부분 중 어법상 옳은 것은?  2018 지방직 9급 변형

> I am writing in response to your request of a reference for Mrs. Ferrer. She has worked as my secretary ① while the last three years and has been an excellent employee. I believe that she meets all the requirements ② mentioning in your job description and indeed exceeds ③ it in many ways. I have never had reason to doubt her complete integrity. I would, therefore, recommend Mrs. Ferrer for the post ④ that you advertise.

**072**
- in response to ~에 응하여
- reference 참고, 기준, 표준
- secretary 장관, 비서
- mentioned 언급된, 언급한
- integrity 진실성, 도덕성

**073** 우리말을 영작한 것 중 가장 적절한 것은?

① 유수는 그 회사에 지원하는 것을 고려하고 있다.
  → Yusoo is considering applying for the company.
② 불리한 증거가 없어서 그는 석방되었다.
  → Being no evidence against him, he was released.
③ 그 경찰서는 난민들에게 생활 필수품을 제공했다.
  → The police station provided commodities with refugees.
④ 교통 신호등이 파란색으로 바뀌어 나는 출발했다.
  → The traffic lights were turned green and I pulled away.

**073**
- apply for ~에 지원하다
- evidence 증거
- release 석방하다, 놓아 주다
- commodity 일용품, 필수품
- refugee 난민
- traffic light 교통 신호등
- pull away 떠나다

**074** 어법상 가장 옳은 것은?

① Despite his name, Freddie Frankenstein has a good chance of electing to the local school board.
② I would rather to be lying on a beach in India than sitting in class right now.
③ Please contact to me at the email address I gave you last week.
④ Were it not for water, all living creatures on earth would be extinct.

**075** 다음 문장에서 어법상 가장 적절한 것은?  2018 경찰 1차

- The daughter made her parents ① happily.
- Chaera ② lay down on the bed and took a nap yesterday.
- When he ③ will retire next month, we will give him a present.
- Trees must be fitted for the places ④ where they live in.

**076** 다음 문장들 중 어법상 가장 적절한 것은?

① The committee consists with ten members.
② Are you familiar to the computer software they use?
③ Bakers have been made come out, asking for promoting wheat consumption.
④ If the item should not be delivered tomorrow, they would complain about it.

**077** 다음 밑줄 친 부분 중 어법상 적절하지 않은 것은?　　2018 소방직

There are many kinds of love, but most people seek ① its expression in a romantic relationship with a compatible partner. For some, romantic relationships are the most meaningful element of life, ② providing a source of deep fulfillment. The ability to have a healthy, loving relationship ③ is not innate. A great deal of evidence suggests ④ whose the ability to form a stable relationship begins in infancy, in a child's earliest experiences with a caregiver.

**078** 다음 중 어법상 옳지 않은 것은?　　2019 서울시 추가채용 변형

Some cultures draw a clear line ① between childhood and adulthood, a line that is crossed when a person ② will undergo a rite of passage. By contrast, as Hollindale notes, in the contemporary West 'communal and official recognitions of childhood's end are arbitrary and ritualistically barren', although he ③ does leave the option that 'some people move ④ from child to adult in one fell swoop', in the case of traumatic experiences, for example.

**079** 어법상 가장 옳은 것은?

① Had never flown in an airplane before, the little boy was surprised and a little frightened when his ears popped.
② The laptop allows people who is away from their offices to continue to work.
③ Scarcely had we reached there when it began to snow.
④ The more they attempted to explain their mistakes, the worst their story sounded.

**080** 밑줄 친 부분 중 어법상 옳은 것은?　　2018 국가직 9급 변형

It would be difficult ① to imagining life without the beauty and richness of forests. But scientists warn we cannot take our forest ② for granted. By some estimates, deforestation ③ has resulted the loss of as much as eighty percent of the natural forests of the world. Currently, deforestation is a global problem, ④ affected wilderness regions such as the temperate rainforests of the Pacific.

**어휘**

080
- take ~ for granted ~을 당연시하다
- estimate 견적, 평가; 추정하다
- deforestation 삼림 벌채
- result in 결과적으로 ~이 되다
- temperate 온대의, 절제하는
- the Pacific 태평양

**081** 우리말을 영어로 옮긴 것 중 가장 적절한 것은?

① 그는 물속으로 깊이 잠수했다.
　→ He dived deeply into the water.
② 밤공기가 뜨거웠지만 그들은 푹 잤다.
　→ Hot as the night air was, they slept soundly.
③ 판사는 죄수가 재구속되어야 한다고 명령했다.
　→ The judge ordered that the prisoner was remanded.
④ 어젯밤에 경찰은 행방불명된 소녀를 찾았다고 말했다.
　→ Last night the police have said that they had found the missed girl.

081
- sleep soundly 푹 자다
- remand 재구속하다
- missing 실종된, 행방불명된

**082** 밑줄 친 부분 중 어법상 옳지 않은 것은?　　2018 서울시 9급 추가채용

When you find your tongue ① twisted as you seek to explain to your ② six-year-old daughter why she can't go to the amusement park ③ that has been advertised on television, then you will understand why we find it difficult ④ wait.

082
- tongue 혀
- twist 꼬다
- seek 찾다
- amusement park 놀이동산
- advertise 광고하다

**083** 우리말을 영어로 옳게 옮긴 것은?

① 시민들은 그 파출소가 폐쇄되어서는 안 된다고 요구했다.
→ Citizens demanded that the police box was not closed.
② 우리가 가장 존경했던 선생님께서 지난달에 은퇴하셨다.
→ The teacher whose we respect most retired last month.
③ 내가 산책에 같이 갈 수 있는지 네게 알려줄게.
→ I will let you know if I can accompany with you on your walk.
④ 내 컴퓨터가 작동을 멈췄을 때, 나는 그것을 고치기 위해 컴퓨터 가게로 가져 갔어.
→ When my computer stopped working, I took it to the computer store to get it fixed.

**어휘**

**083**
- demand 요구하다, 강력히 묻다
- police box 파출소
- accompany ~에 동행하다

**084** 다음 밑줄 친 부분 중 어법상 가장 적절하지 않은 것은?   2018 경찰 3차

If properly stored, broccoli will stay ① <u>fresh</u> for up to four days. The best way to store fresh bunches is to refrigerate them in an open plastic bag in the vegetable compartment, ② <u>which</u> will give them the right balance of humidity and air, and help preserve the vitamin C content. Don't wash the broccoli before ③ <u>storing</u> it since moisture on its surface ④ <u>encourage</u> the growth of mold.

**084**
- bunch 송이
- refrigerate 냉장하다
- compartment 칸, 객실
- humidity 습도, 습기
- preserve 보존하다
- moisture 수분
- mold 곰팡이

**085** 다음 빈칸에 들어갈 표현으로 가장 적절한 것은?   2018 경찰 2차

Usually, people who have been adopted _____ have access to their files.

① do not allow
② are not allowed to
③ has not been allowed
④ is not allowed to

**085**
- adopt 입양하다, 채택하다
- have access to ~에 접근[출입]할 수 있다

**086** 밑줄 친 부분 중 어법상 옳은 것은?　　2018 서울시 9급 변형

> Blue Planet II, a nature documentary ① <u>producing</u> by the BBC, left viewers ② <u>heartbreaking</u> after showing the extent ③ <u>to which</u> plastic ④ <u>effects</u> the ocean.

**087** 다음 ㉠, ㉡에 들어갈 말로 가장 적절한 것은?　　2018 경찰 3차

> · Seohee ( ㉠ ) her book on the table.
> · The heavy snow prevented us ( ㉡ ) baseball.

|  | ㉠ | ㉡ |
|---|---|---|
| ① | lay | to play |
| ② | lay | from playing |
| ③ | laid | to play |
| ④ | laid | from playing |

**088** 다음 빈칸에 들어갈 표현으로 가장 적절한 것은?　　2018 경찰 2차

> Rachel impressed her superiors so much that _____ a position available, they would have promoted her immediately.

① had been
② there had been
③ had there been
④ if there were

089  밑줄 친 부분 중 어법상 옳지 않은 것은?    2018 서울시 9급 변형

More than 150 people ① have fallen ill, mostly in Hong Kong and Vietnam, over the past three weeks. And experts ② are suspecting that ③ another 300 people in China's Guangdong province had the same disease ④ begin in mid-November.

090  다음 빈칸에 들어갈 표현으로 가장 적절한 것은?    2018 경찰 2차

The chameleon's camouflage is very effective. As a result, _____ from a distance, it is indistinguishable from its environment.

① seeing                    ② they are seen
③ to be seen                ④ seen

091  다음 중 어법상 옳은 것은?    2018 지방직 7급 변형

① According as a recent report, three quarters of Airbnb listings in New York City were illegal. It also ② founded that commercial operators — not the middle-class New Yorkers in the ads — were making millions renting spaces exclusively to Airbnb guests. In a letter sent to elected officials last week, Airbnb said ③ that most of its local hosts — 87 percent — were residents who rented ④ its spaces infrequently "to pay their bills and stay in their homes."

**092** 다음 우리말을 영작한 것 중 가장 적절한 것은?

① 서희는 가족과 함께 있을 때 가장 행복하다.
→ Seohee is happiest when she is with her family.
② 새로운 관리자는 이전 관리자보다 더 우수하다.
→ The new manager is more superior to the old one.
③ 내가 열쇠를 잃어버리지 않았더라면 모든 것이 괜찮았을 텐데.
→ Everything would have been OK if I haven't lost my keys.
④ 그 영화가 너무 지루해서 나는 삼십 분 후에 잠이 들었어.
→ The movie was so bored that I fell asleep after half an hour.

**어휘**

**092**
- superior 우세한, 우수한
- bore 지루하게 만들다
- fall asleep 잠들다

**093** 다음 중 어법상 가장 적절한 것은?

① The sport in that I am most interested is soccer.
② Jamie learned from the book that World War I had broken out in 1914.
③ The game was watching outside the stadium on a huge screen.
④ We will never get to the meeting unless the train leaves within five minutes.

**093**
- stadium 경기장

**094** 밑줄 친 부분 중 어법상 옳은 것은?  2018 국가직 9급 변형

Focus means ① getting stuff done. A lot of people have great ideas but don't act on them. For me, the definition of an entrepreneur, for instance, is someone ② whose can combine innovation and ingenuity with the ability to execute that new idea. Some people think that the central dichotomy in life is whether you're positive or negative about the issues that ③ interests or concerns you. There's a lot of attention paid to this question of ④ if it's better to have an optimistic or pessimistic lens. I think the better question to ask is whether you are going to do something about it or just let life pass you by.

**094**
- definition 정의, 개념
- entrepreneur 기업인, 기업가
- ingenuity 발명의 재간
- dichotomy 이분법

**095** 어법상 옳은 것은?

① The extent of Mary's knowledge on various subjects astound me.
② I regret to inform you that your loan application has not approved.
③ The software developer works to maximize user-friendliness and to reduce bugs that impede results.
④ A challenge in reading a text is to gain a deep understanding of what the text might mean, despite of the obstacles of one's assumptions and biases.

**096** 밑줄 친 부분 중 어법상 옳은 것은?  *2018 서울시 9급 변형*

His survival over the years since independence in 1961 does not alter the fact ① <u>which</u> the discussion of real policy choices in a public manner ② <u>has hardly been occurred</u>. In fact, there have always been ③ <u>the number of</u> important policy issues which Nyerere ④ <u>has had to argue</u> through the NEC.

**097** 우리말을 영어로 잘못 옮긴 것은?

① 모든 정보는 거짓이었다.
 → All of the information was false.
② 토마스는 더 일찍 사과했어야 했다.
 → Thomas should have apologized earlier.
③ 내일 아침 일찍 저를 반드시 깨워 주세요.
 → Be sure to wake me up early tomorrow morning.
④ 나는 그가 그렇게 유명한 음악가가 되리라고는 전혀 생각하지 못했다.
 → Hardly did I dream before he became such a famous musician.

### 098 어법상 옳은 것은?

① If she had been at home yesterday, I would have visited her.
② Undergraduates are not allowed to using equipments in the laboratory.
③ This book is intended for educators, new or veteran, interested in enhancing student understanding and design more effective curricula.
④ Darwin knew far less about the various species he collected on the Beagle voyage than do experts in England.

### 099 다음 중 어법상 옳은 것은?  2018 소방직 변형

Our ethical behavior is linked to our cognitive and emotional need to be seen in a positive light by those we admire. But what ① emerges during adolescence is a concept known as the moral self. Augusto Blasi pioneered the ways ② how the moral self motivates our ethical actions. More recently, researchers have been modeling and ③ tests the notion ④ what ethical leaders have a strong moral identity.

### 100 우리말을 영어로 잘못 옮긴 것은?

① 우리가 도착했을 때 영화는 이미 시작했었다.
→ The movie had already started when we arrived.
② 바깥 날씨가 추웠기 때문에 나는 차를 마시려 물을 끓였다.
→ Being cold outside, I boiled some water to have tea.
③ 사람들은 우리가 파산할 것으로 여겼으나, 우리는 그럭저럭 견뎌 나갔다.
→ People thought we would go bankrupt, but we managed to get by.
④ 수요가 공급을 초과하면 가격이 오르고 그 반대가 되면 내린다.
→ Prices go up when demand exceeds supply, and vice versa.

**101** 다음 ㉠, ㉡에 들어갈 말로 가장 적절한 것은?    2018 경찰 1차

- The game industry must ( ㉠ ) to changing conditions in the marketplace.
- A tree provides homes for many creatures, all of ( ㉡ ) also use it for food.

|    | ㉠ | ㉡ |
|----|----|----|
| ① | adopt | which |
| ② | adapt | which |
| ③ | adopt | them |
| ④ | adapt | them |

**102** 다음 문장에서 어법상 가장 적절하지 않은 것은?    2018 경찰 1차

The people ① were stunned into ② silent as they slowly began ③ to realize ④ what the mayor's statement meant to their future as citizens in the city.

**103** 다음 중 어법상 적절하지 않은 것은?    2018 경찰 2차

People have been asking questions about ① what they have seen around them for thousands of years. The answers they have come up with have changed a lot. So ② is science itself. Science is dynamic, building upon the ideas and discoveries which one generation passes on to the next, as well as ③ making huge leaps forward when completely new discoveries are made. What hasn't changed is the curiosity, imagination and intelligence of those doing science. We might know more today, but people who thought deeply about their world 3,000 years ago ④ were just as smart as we are.

### 104 어법상 옳은 것은?

① Nothing is more precious as time in our life.
② Beside literature, we have to study history and philosophy.
③ She is luckier than clever.
④ His novels are hard to read.

### 105 밑줄 친 부분 중 어법상 옳은 것은? 2017 지방직 9급

Last week I was sick with the flu. When my father ① heard me sneezing and coughing, he opened my bedroom door to ask me ② that I needed anything. I was really happy to see his kind and caring face, but there wasn't ③ anything he could do it to ④ make the flu to go away.

### 106 우리말을 영어로 잘못 옮긴 것은?

① 그는 나의 팔을 붙잡고 도움을 요청했다.
→ He grabbed me by the arm and asked for help.
② 나는 매달 두세 번 그에게 전화하기로 규칙을 세웠다.
→ I made it a rule to call him two or three times a month.
③ 남성들은 왜 여성들이 이상하게 생긴, 높은 신발에 그들의 안락함을 희생하는지 의아해할 수도 있다.
→ Men may wonder why women sacrifice their comfort over oddly-shaped, elevated shoes.
④ 높은 굽을 신는 가장 중요한 목적은 여성으로 하여금 더 크고, 날씬하고, 섹시하게 느끼도록 하는 것이다.
→ The most important point of wearing high heels is to make a woman to feel taller, slimmer and sexier.

---

**어휘**

**104**
- novel 소설, 신기한
- precious 소중한
- clever 영리한, 똑똑한
- literature 문학
- philosophy 철학

**105**
- sneeze 재채기하다
- cough 기침하다
- caring 배려하는
- go away 가다, 사라지다

**106**
- grab 잡아채다, 거머쥐다
- ask for 요청하다, 청구하다
- make it a rule to ⓡ ~을 습관으로 삼다
- wonder 의아해하다
- sacrifice 희생하다
- oddly-shaped 기묘한 모양의
- elevated 높은

**107** 우리말을 영어로 잘못 옮긴 것은?

① 그 회의 후에야 그는 금융 위기의 심각성을 알아차렸다.
→ Only after the meeting did he recognize the seriousness of the financial crisis.

② 그는 문자 메시지에 너무 정신이 팔려서 제한 속도보다 빠르게 달리고 있다는 것을 몰랐다.
→ He was so distracted by a text message to know that he was going over the speed limit.

③ 그 프로젝트를 완성하는 데 최소 한 달, 어쩌면 더 긴 시간이 걸릴 것이다.
→ It will take at least a month, maybe longer to complete the project.

④ 월급을 두 배 받는 그 부서장이 책임을 져야 한다.
→ The head of the department, who receives twice the salary, has to take responsibility.

**어휘**

**107**
- seriousness 심각함
- financial crisis 재정 위기
- distract 주의를 빼앗다, 관심이 멀어지다
- go over ~을 넘다
- at least 최소로
- complete 완성하다, 마치다; 완료된
- head –장, 책임자
- responsibility 책임, 책무

**108** 밑줄 친 부분 중 어법상 옳지 않은 것은?   2017 서울시 9급 변형

The idea that justice ① in allocating access to a university has something to do with ② the goods that ③ universities properly pursue ④ explain why selling admission is unjust.

**108**
- justice 정의, 사법, 공정
- allocate 할당하다, 배분하다
- admission 입학, 입장

**109** 어법상 옳지 않은 것은?

① John told Mary that he would leave early.
② I can hardly make myself understood in English.
③ Julie's doctor told her to stop eating so many processed foods.
④ Academic knowledge isn't always that leads you to make right decisions.

**109**
- processed food 가공식품

### 110 밑줄 친 부분 중 어법상 옳지 않은 것은?

Officials in the UAE, responding to an incident ① which an Emirati tourist was arrested in Ohio, cautioned Sunday that travelers from the Arab country should "refrain from ② wearing the national dress" in public places ③ while visiting the West "to ensure their safety" and said that women should abide by bans ④ on face veils in European countries, according to news reports from Dubai.

### 111 어법상 옳은 것은?

① She destined to live a life of serving others.
② A week's holiday has been promised to all the office workers.
③ She was noticeably upset by how indignant he responded to her final question.
④ Obviously, this state of affairs is known to the ambassadors, who reacts unfavorably to it.

### 112 어법상 옳지 않은 것은?

① John reminded Mary that she should get there early.
② The Main Street Bank is said to give loans of any size to reliable customers.
③ In evaluating your progress, I have taken into account your performance, your attitude, and for your improving.
④ The fear of getting hurt didn't prevent him from engaging in reckless behaviors.

**113** 다음 중 어법상 옳지 않은 것은?    2017 지방직 7급 변형

In countries ① where religion ② has been closely identified with a people's culture, as in Hinduism and Islam, religious education has been essential ③ to be maintained the society and ④ its traditions.

**114** 우리말을 영어로 잘못 옮긴 것은?

① 식사가 준비됐을 때, 우리는 식당으로 이동했다.
  → The dinner being ready, we moved to the dining hall.
② 과정을 관리하면서 발전시키는 것이 나의 목표였다.
  → To control the process and making improvement was my objectives.
③ 그녀의 남편은 부인이 옷값으로 얼마를 지불하는지 혹은 어디서 구입하는지에 관심이 없다.
  → How much she pays for her clothes or where she buys them does not interest her husband.
④ 그가 현재 양호한 재정 조건하에 있다는 사실 외에는 나로서는 보고할 새 소식이 없다.
  → Other than the fact that he is now in good financial condition, I have no news to report.

**115** 다음 중 어법상 옳은 것은?    2017 지방직 7급 변형

A graph of monthly climatological data shows ① the warmest, coolest, wettest and driest times. Also, weekends are ② highlighting on the graph to help you quickly ③ locating the weekend weather should you have activities ④ planning.

**116** 우리말을 영어로 잘못 옮긴 것은?

① 예산은 처음 기대했던 것보다 약 25퍼센트 더 높다.
→ The budget is about 25% higher than originally expecting.

② 시스템 업그레이드를 위해 해야 될 많은 일이 있다.
→ There is a lot of work to be done for the system upgrade.

③ 비록 그 일이 어려운 것이었지만, Linda는 그것을 끝내기 위해 최선을 다했다.
→ As difficult a task as it was, Linda did her best to complete it.

④ 장관은 교통 문제를 해결하기 위해 강 위에 다리를 건설해야 한다고 주장했다.
→ The minister insisted that a bridge be constructed over the river to solve the traffic problem.

**117** 어법상 옳은 것은?

① Top software companies are finding increasingly challenging to stay ahead.
② A small town seems to be preferable than a big city for raising children.
③ Although there are some similarities in the platforms of both candidates, the differences among them are wide.
④ I walked on as briskly as the heat would let me until I reached the road which led to the village.

**118** 밑줄 친 부분 중 어법상 옳지 않은 것은?  2017 서울시 9급 변형

① Strangely as it may seem, ② the Sahara was once an expanse of grassland ③ supporting the kind of animal life ④ associated with the African plains.

**119** 다음 우리말을 영작한 것 중 옳은 것은?

① 나는 내 아들이 읽을 책을 한 권 사야 한다.
→ I should buy a book for my son to read.

② 그러나 합리적인 행동의 개념은 또한 이성의 개념을 포함하고 있으며, 이성은 자기중심적일 필요가 없다.
→ However, the concept of a rational action also incorporates the concept of a reason, and reasons need not to be egocentric.

③ 그들은 그들의 고객 개인 정보를 비공개로 유지할 것이다.
→ They will keep their customers' personal informations private.

④ 끝까지 생존하는 생물은 가장 강한 생물도, 가장 지적인 생물도 아니고, 변화에 가장 잘 반응하는 생물이다.
→ It is not the strongest of the species, nor the most intelligent, or the one most responsive to change that survives to the end.

**어휘**

**119**
- concept 관념, 개념
- rational 이성적인
- incorporate 합치다, 혼합하다
- reason 이성, 이유, 변명
- egocentric 자기 중심의, 이기적인
- personal information 개인정보
- species 종
- intelligent 지적인
- responsive 즉각 반응하는, 호응을 보이는

**120** 밑줄 친 부분 중 어법상 옳지 않은 것은?　　　2017 서울시 9급 변형

The first coffeehouse in western Europe ① opened not in ② a center of trade or commerce but in the university city of Oxford, ③ in which a Lebanese man ④ naming Jacob set up shop in 1650.

**120**
- commerce 상업, 무역

**121** 어법상 틀린 것은?

① Neither the research assistant's consortium nor the biotech laboratory are poised to strike a decisive blow in the debate over salaries that has been raging for over a year.
② She had no choice but to give up her goal because of the accident.
③ By some estimates, deforestation has resulted in the loss of as much as eighty percent of the natural forests of the world.
④ Utilized with other techniques, animals can raise human living standards very considerably.

**어휘**

**121**
- assistant 조교
- consortium 협회, 조합
- biotech 생명 공학
- laboratory 연구소, 실험실
- poised 준비가 된, 태세를 갖춘
- strike 파업하다, 치다, 공격하다
- decisive 결정적인
- salary 급여, 봉급
- rage 분노하다, 쇄도하다
- give up 포기하다
- accident 사고
- estimate 견적, 추산
- deforestation 삼림벌채
- result in 결과적으로 ~이 되다
- utilize 활용하다
- living standard 생활수준
- considerably 많이, 상당히

**122** 다음 중 어법에 맞는 표현으로 가장 적절하지 않은 것은?  2017 경찰 1차

① Most readers of novels intuitively feel that their favorite authors have ② distinctive styles, and some sensitive readers can even attribute passages ③ what they have not read previously ④ to one or another of these authors.

**122**
- intuitively 직관적으로
- distinctive 독특한, 특유의
- sensitive 민감한, 섬세한
- attribute A to B A를 B의 탓으로/덕으로 돌리다
- passage 구절
- previously 이전에

**123** 어법상 옳은 것은?

① She never so much as mentioned it.
② She would like to be financial independent.
③ The rings of Saturn are so distant to be seen from Earth without a telescope.
④ The Aswan High Dam has been protected Egypt from the famines of its neighboring countries.

**어휘**

**123**
- not so much as ~조차 않다
- financial 재정상의
- independent 독립한
- distant 먼, 멀리 떨어진
- telescope 망원경, 현미경
- famine 기근, 기아

**124** 어법상 옳은 것은?

① The whole family is suffered from the flu.
② My father was in the hospital during six weeks.
③ The oceans contain many forms of life that has not yet been discovered.
④ Included in this series is "The Enchanted Horse," among other famous children's stories.

**124**
- suffer from ~로 고통받다
- contain 들어 있다, 포함하다, 함유하다

**125** 다음 중 어법상 옳지 않은 것은?  *2017 경찰 변형*

Creating the electrical energy also ① <u>creates</u> environmental problems. We can't give up electricity, but we can control the ways we use ② <u>them</u>. We can use alternative sources of energy that are not as harmful to the environment ③ <u>as</u> those which we are presently ④ <u>using</u>.

**125**
- environmental 주위의, 환경의
- give up 포기하다
- electricity 전기
- control 통제하다
- alternative 대체 가능한
- sources of energy 에너지원
- presently 현재, 지금, 곧

## 001 정답 ②

**정답해설**
② 앞선 문장이 부정문이고, '~도 그렇다'를 의미하면서 문장과 문장을 연결하는 형태이므로 and neither를 썼다. 올바른 표현. ▪ 2017 국가직 9급 📖 POINT 103

**오답해설**
① 명사 water 뒤에 which가 쓰여 관계대명사가 되었다. 관계대명사 which 뒤에는 불완전한 문장이 이어져야 하는데, 'she(주어) fell(동사)'의 완전한 1형식 문장이 왔다. 따라서 불완전한 형태가 되도록 전치사 into를 삽입한다.
(fell → fell into) ▪ 2018 경찰 2차 📖 POINT 116

③ must have p.p.는 ~이었음에 틀림없다의 의미이다. 내용상 어색하다. 따라서, '~했었어야 되는데'의 의미인 should have p.p.를 쓴다.
(must → should) ▪ 2023 지방직 9급 📖 POINT 027

④ "~이지만"의 의미인 『양보절』은 「(형)/(부) as (= though) (주) - (동)」로 쓴다. "as if"는 "마치 ~인것처럼" (= as though) 의 의미의 접속사로 『가정법』을 이끈다. 📖 POINT 096
(as if → as) ▪ 2021 국가직 9급

**해석**
① 그녀가 빠졌던 물은 극도로 차가웠다.
② 그들은 그의 이야기를 믿지 않았고, 나 역시도 그랬다.
③ 오늘 아침에 갔어야 했는데, 몸이 좀 안 좋았다.
④ 당신이 부자일지라도 당신은 진실한 친구들을 살 수는 없다.

**구문분석**

① The water / which she fell / into was freezing (cold).
　　 S　　　 관대　　　　　　　　　　 V

② They / didn't believe his story, and neither did I.
　 S　　　 V　　　　 O　　　　　　　(~도 아니다)

③ I / must have gone (this morning), but I was feeling (a bit) ill.
　 S　　 V　　　　 시간부사　　　　　 S　　V　　　　　　 C

④ Rich as you may be, you / can't buy sincere friends.
　 보어도치　 S　 V　　　 S　　 V　　　　 O

## 002 정답 ①

**정답해설**
① ⅰ)「with (명) -ing」는 항상 "ing(능동)/p.p.(수동)"을 확인한다. -ing는 능동으로 이 내용대로라면, "다리가 (무언가를) 꼬다"의 의미가 되어 어색하다. 따라서, 수동의 형태인 p.p.를 쓴다.
(crossing → crossed)

ⅱ) ・타동사 "raise" 뒤에 목적어 "blood pressure"를 쓴 것은 옳다.

ⅲ) ・문장의 주어는 "Sitting" (with the legs crossing for a long period)으로 "-ing"(동명사) 주어이다.
▪ 2022 국가직 9급 📖 POINT 074 / POINT 017

**오답해설**
② ・"~은 차치하고"의 의미로 전치사 apart from을 쓴 것은 옳다.
・대명사 one은 형용사의 수식을 받을 수 있고, 관사와 동반할 수도 있다. 올바른 표현이다. ▪ 2023 지방직 9급 [대명사 one]

③ "Ⓐ와 Ⓑ의 관계는 Ⓒ와 Ⓓ의 관계와 같다."의 의미로 Ⓐ is to Ⓑ what Ⓒ is to Ⓓ를 쓴 것은 옳다. ▪ 2022 지방직 9급
📖 POINT 120

④ ⅰ) 문장 맨앞 부사 자리에 Having drunk가 쓰여 분사구문이 되었다.
  • having p.p.는 능동으로 뒤에 목적어 (three cups of coffee)를 쓴 것은 옳다.
  • having p.p.는 주절 동사보다 한 시제 앞서는 것을 의미하므로 "커피를 마셔서(과거) → 잠들 수 없다(현재)"와 일치한다.
  • 생략된 주어는 she이므로, "(그녀가) 커피를 마셔서, 잠들 수 없다."는 내용과 일치한다.
 ⅱ) "잠들다"의 의미로 fall asleep을 쓴 것은 옳다. ▪ 2022 국가직 9급  📖 POINT 077 (분사구문)

**구문분석**

① Sitting / ⟨with the legs crossed⟩ ⟨for a long period⟩ / can raise blood pressure.
  S      전    명    p.p.         전       명           V           O
         = with ⓐ p.p.
② ⟨Apart from its cost⟩, the plan / was a good one.
   전        명         S      V     C
③ Reading / is to the mind what exercise / is to the body.
   Ⓐ       is to   Ⓑ     what    Ⓒ         is to   Ⓓ
④ (Having drunk three cups of coffee), she / can't fall asleep.
   분사구문                              S      V₂    C

## 003  정답 ③

**정답해설**

③ 동사 is(단수)의 주어는 맨앞 명사 one reason(단수)이다. (뒤의 「for~ the contest ~」는 수식어구) 단수 형태로 쓴 것은 옳다.

**오답해설**

① 명사 sports 뒤에 which가 쓰여 관계대명사가 되었다. 관계대명사 which 뒤에는 불완전한 문장이 쓰여야 하는데, 뒤에 완전한 3형식의 문장이 쓰였다. [전+관계대명사]의 형태로 고친다.
  (which → in which) 📖 POINT 116
  the team    loses    the contest
  (주어)      (동사)    (목적어)

② 라틴어 비교급 superior는 뒤에 to와 함께 쓴다. than을 to로 고친다.
  (than → to) 📖 POINT 081

④ perceive A as B의 구조에서 목적격 보어 B의 자리이다. 상대방이 "위협적인" 상태가 되어야 하므로, -ing의 형태인 threatening을 쓴다.
  (threatened → threatening)

**해석** 스포츠에서 승리할 것으로 예상되고 상대 팀보다 우월한 것으로 추정되는 팀이 갑자기 패배를 하는 한 가지 이유는 이 우월한 팀이 상대 팀을 그들의 계속되는 성공에 위협적인 것으로 인식하지 못했을 수도 있기 때문이다.

> **구문분석**
> 
> One reason ⟨for upsets in sports⟩ / (– in which the team / (predicted to win and supposedly
>    S          전    명                전+관대      S           p.p.            수식어구
> superior than their opponents) (surprisingly) / loses the contest –) is that the superior team
>                                                  V      O         V         S
> may not have perceived their opponents ⟨as threatening to their continued success⟩.
>       V                 O                       O.C.

## 004  정답 ①

**정답해설**
① 접속사 while 뒤에 p.p.의 형태인 drunk가 쓰여 분사구문이 되었다. 분사구문에서 p.p.는 수동으로 뒤에 목적어를 쓸 수 없으므로, –ing의 형태로 고친다.
(drunk → drinking) ▪ 2023 지방직 9급 📕 POINT 062

**오답해설**
② ought to ⓡ의 과거 시제는 ought to have p.p.로 쓴다. ▪ 2017 국가직 9급 📕 POINT 027
③ 비교급 강조 표현으로는 much, even, still, far 등이 있으므로 much less는 올바르게 쓰였다. ▪ 2018 지방직 7급
  📕 POINT 090
④ '시간과 조건의 부사절'에서는 현재 시제가 미래 시제를 대신하므로, 현재 시제인 receive를 쓴 것은 올바르다. ▪ 2017 국가직
  9급 📕 POINT 056

> **구문분석**
> 
> ① 그들은 뜨거운 차를 마시는 동안에 일몰을 보았다.
>   → They / watched the sunset while drinking hot tea.
>       S       V         O                  분사구문
> 
> ② 나는 소년 시절에 독서하는 버릇을 길러 놓았어야만 했다.
>   → I / ought to have formed a habit [of reading] [in my boyhood].
>     S         V                O
> 
> ③ 요즘에는 신문들이 광고에서 훨씬 더 적은 돈을 번다.
>   → (Nowadays,) newspapers / make much less money [from advertisements].
>                     S          V           O
> 
> ④ 이 편지를 받는 대로 곧 본사로 와 주십시오.
>   → (Please) come [to the headquarters] (as soon as you receive this letter).
>              ⓡ       명령문                          S      V        O

## 005 정답 ③

**정답 해설**
"~할 여유가 없다"의 의미로 쓸 때는 can not afford to Ⓡ을 쓴다. not을 삽입한다.
(can afford to waste → can not afford to waste) ▪ 2022 지방직 9급 📖 POINT 067

**오답 해설**
① ⅰ) "아무리 ~해도 지나침이 없다"의 의미로 "can not ~ too(much)"를 쓴 것은 옳다.
　ⅱ) 접속사 when 뒤에 -ing의 형태가 쓰여 "분사구문"이 되었다. -ing는 능동으로 뒤에 목적어 the street이 쓰였으므로, -ing를 쓴 것은 옳다.
　ⅲ) 생략된 주어는 앞선 주절의 주어 the children이므로, "아이들이 길을 건너다"의 의미가 되므로, 올바르게 쓰였다.
　▪ 2022 국가직 9급 📖 POINT 036 / POINT 077

② ・배수사 three times와 원급 비교급 as ~as를 쓴 것은 옳다.
　　(half / twice는 원급하고만 쓰고, 기타 배수사는 원급/비교급과 모두 쓸 수 있다.)
　・영어에서 비교의 대상은 동일해야 하므로, 앞선 "내 고양이" my cat과 소유대명사 his를 비교한 것은 옳다.
　▪ 2023 국가직 9급 📖 POINT 087

④ "사라지다"의 의미인 1형식 동사 fade 뒤에 전명구 부사(on her face)를 쓴 것은 옳다. ▪ 2022 지방직 9급 [1형식 동사]

**구문 분석**

① 아이들이 길을 건널 때 아무리 조심해도 지나치지 않다.
→ Children / cannot be (too) careful ⟨when crossing the street⟩.
　　S　　　　V　　　　　C　　　　　　　　분사구문

② 내 고양이 나이는 그의 고양이 나이의 세 배이다.
→ My cat / is (three times) as old ⟨as his⟩.
　　S　　　V　　배수사　　　C　　비교
　　　　　　　　　　　　　원급비교

③ 나는 단 한 푼의 돈도 낭비할 수 없다.
→ I / can not afford to waste even one cent. cannot afford to Ⓡ: ~할 여유가 없다
　S　　　　V　　　　　　　　O

④ 그녀의 얼굴에서 미소가 곧 사라졌다.
→ The smile (soon) / faded ⟨from her face⟩.
　　　S　　　부사　　　V₁

## 006 정답 ④

**정답 해설**
명사 process 뒤에 that이 쓰여 관계대명사가 되었다. 관계대명사절의 동사는 앞선 명사와 수일치 한다. 즉, "process" (단수)와 수일치 한다. 따라서, 단수 형태인 represents를 쓴다.
(represent → represents) 📖 POINT 116

**오답 해설**
① 앞선 동사 have made가 5형식으로 쓰였고, 가목적어(it) 진목적어(to extend) 구조가 되었다. 올바른 표현이다.
📖 POINT 003

② 절이 목적어인 구조의 수동태이다. 따라서, 앞서 가주어 it을 썼고, 뒤에 that절이 진주어절이다. 올바른 표현이다.
[절이 목적어인 수동태]

③ 명사 event 뒤에 which가 쓰여서 관계대명사가 되었다. 관계대명사절의 동사는 앞선 명사와 수일치 한다. event(단수)와 올바르게 수일치 되었다. 📖 POINT 116

**해석** 장기 이식 기술의 발전으로 말기 장기 질환을 가진 개인의 수명을 연장할 수 있게 된 반면에, 장기 이식을 제한된 사건으로 보는 생물 의학적 관점은 일단 심장이나 신장이 성공적으로 교체되면 끝나는 것인데, 이것이 장기를 받는 경험을 보다 정확하게 표현하는 복잡하고 역동적인 과정을 숨긴다고 주장되고 있다.

**구문 분석**

(While advances ⟨in transplant technology⟩ have made it possible to extend the life of individuals (with end-stage organ disease)), it is argued that the biomedical view ⟨of organ transplantation as a bounded event⟩, [/ which ends once a heart or kidney is (successfully) replaced] /, conceals the complex and dynamic process that (more accurately) represent the experience ⟨of receiving an organ⟩.

---

**007** 정답 ①

**정답 해설**
① '~하자마자'를 의미하는 no sooner 구문은 앞부분에 대과거를 쓴다.
(Hardly did she enter → Hardly had she entered) ▪ 2017 국가직 9급 📖 POINT 099

**오답 해설**
② '~하느라 어려움을 겪다'를 의미하는 숙어 have difficulty (in) -ing가 올바른 형태로 쓰였다. '그래서'를 의미하는 so는 접속사와 접속부사 둘 다로 쓰이는데, 문장과 문장을 연결하는 접속사로 올바르게 쓰였다. ▪ 2017 국가직 9급
📖 POINT 053

③ hope는 to ⓡ과 that절을 목적어로 쓸 수 있는데, that절을 쓰는 경우에는 뒤에 미래동사 will을 함께 쓴다. 따라서 will help를 쓴 것은 적절하다. help는 준사역동사로, 뒤에 ⓢ을 생략하고 to ⓡ이나 ⓡ을 쓸 수 있다. 따라서 avoid가 ⓡ의 형태로 올바르게 쓰였다. ▪ 2018 지방직 7급 📖 POINT 024

④ · '모든'의 의미인 all 뒤에 가산명사 assignments가 복수 형태로 올바르게 쓰였다.
· 동사 'are expected'가 앞선 주어(복수)에 맞게 수일치 되었으며, 주어 '과제'가 "(무언가를)예상하는 것"(능동)이 아니라, "예상 되어지는 것"(수동)이므로 수동태로 쓴 것도 올바르다.
· "제출하다"의 의미인 동사 turn in이 수동 형태로 be turned in으로 쓴 것은 옳다. ▪ 2023 국가직 9급

**해석**
① 그녀가 집에 들어가자마자, 누군가가 불을 켰다.
② 노숙자들은 대개 직업을 얻는 데 어려움을 겪어서, 그들은 그들의 희망을 잃는다.
③ 당국은 조기 경고를 공표함으로써, 그들이 주요한 파괴와 위험을 피하는 것에 도움이 되기를 희망한다.
④ 모든 과제는 제시간에 제출되어야 한다.

구문분석

① Hardly had she entered the house (when someone turned on the light).
　　부정부사　　조　주　동　　　　O　　　　　　S　　　V　　　　　O

② The homeless / (usually) have great difficulty getting a job, so they are losing their hope.
　　　S　　　　　　　　　　V　　　　O　　　　　　　　S　　V　　　　O

③ Authorities / hope / that [by issuing early warnings], they / will help avoid major destruction
　　　S　　　　V　　　　　　　　　　　　　　　　　　　S　　V 준사역®　　　　O
and danger.

④ All assignments are expected to be turned in 〈on time〉.
　　　S　　　　　V　　　　　　O　　　　O.C.

## 008　정답　④

정답해설　④ 접속사 since 뒤에 문장이 쓰였다. 타동사 publish 뒤에 목적어가 없고, 내용상 "보고서가 (무언가를) 발간하는 것"(능동)이 아니라, "보고서가 발간 되어지는 것"(수동)이므로 수동태로 쓴 것은 옳다.  POINT 062

오답해설　① 앞선 주어 "Newspapers, journals, ~ publications"(복수)에 대한 동사가 없는 문장이다. 따라서 ①이 주어에 대한 동사가 되어야 한다. 주어가 복수이므로 이와 수 일치시켜 provide로 고치는 것이 옳다.
(providing → provide)　POINT 001

② information은 불가산 명사로 복수 형태로 쓸 수 없다. 따라서 information으로 고치는 것이 옳다.
(informations → information)　POINT 040

③ 명사 "the facts" 뒤에서 -ing 형태가 쓰여 후치수식되었다. 후치수식에서 -ing는 능동이며 뒤에 목적어를 써야 한다. 하지만 내용상 사실이 무엇을 주는 것이 아니라 "주어진 사실"이 되어야 하므로, 수동인 p.p.형태로 고치는 것이 옳다.
(giving → given)　POINT 073

해석　신문, 저널, 잡지, TV 및 라디오, 전문 또는 무역 출판물은 연례 보고서 또는 보고서 발간 이후 전개 상황에 대한 사실을 해석하는 데 도움이 될 수 있는 추가 정보를 제공한다.

구문분석　

Newspapers, journals, magazines, TV and radio, and professional or trade publications /
　　　　　　　　　　　　　　　　　　　　S

/ provide further information / [that may help interpret the facts] / given 〈in the annual report〉
　　V　　　　　O　　　　　　　관대　준사역 V　　®　　　　p.p.　　　전명A

or 〈on developments〉 〈since the report was published〉.
　　　전명B　　　　　　　　　S　　V　　　C

## 009 정답 ②

**정답해설**
② 'the + 형' 형태를 써야 '~한 사람들'을 의미한다. 따라서 '환자들과 부상자들'은 the sick and the wounded로 표현하는 것이 올바르다.
(sick and wounded → the sick and the wounded) ▪ 2017 지방직 9급  POINT 053

**오답해설**
① '~이 되다'를 의미하는 동사 become 뒤에 형용사 보어 popular가 올바르게 쓰였고, '입소문으로'를 의미하는 숙어 by word of mouth 역시 적절하게 쓰였다. ▪ 2017 국가직 9급 추가 채용  POINT 005

③ • "~하는 편이 낫다"의 표현인 had better는 뒤에 항상 ⓡ을 쓴다. 동사원형 형태로 take를 쓴 것은 옳다.
• "~하는 경우에"의 의미로 접속사 in case를 쓴 것은 옳다. ▪ 2023 국가직 9급  POINT 109

④ 몡인 a report 뒤에 동격의 that절이 쓰였으므로, 그 다음에 완전한 문장을 쓴 것은 올바르다. ▪ 2017 지방직 9급  POINT 118

**구문분석**

① 그 클럽은 입소문을 통해서 인기를 얻었다.
→ The club / became popular [by word of mouth].
　　　S　　　　V　　　C

② 환자들과 부상자들을 돌보기 위해 더 많은 의사가 필요했다.
→ More doctors / were required [to tend the sick and the wounded].
　　　S　　　　　V　　　　C

③ 너는 비가 올 경우에 대비하여 우산을 갖고 가는 게 낫겠다.
→ You / had better take an umbrella (in case it rains).
　　S　　V　　　　　　O　　　　　　　　　S　V

④ 설상가상으로, 또 다른 태풍이 곧 올 것이라는 보도가 있다.
→ (To make matters worse,) there / is a report that another typhoon / will arrive soon.
　　　유도부사　　V　S　　동격　　　　　S　　　　V₁　부사

## 010 정답 ①

**정답해설**
① must have p.p.는 ~이었음에 틀림없다의 의미이다. 내용상 어색하다. 따라서, '~했었어야 되는데'의 의미인 should have p.p.를 쓴다.
(must → should) ▪ 2023 지방직 9급  POINT 027

**오답해설**
② POINT 1 a lot of는 뒤에 가산명사와 불가산명사 둘 중 무엇이 오든 상관없이 쓸 수 있으므로 올바르다.
POINT 2 keep은 5형식 동사로, 뒤에 '몽 + 형 보어'를 썼으므로 올바른 표현이다. ▪ 2017 지방직 9급
POINT 010 (동사 keep)

③ POINT 1 approach는 '~에 접근하다'를 의미하는 타동사로, 뒤에 바로 목적어를 취하며 전치사 to를 쓰지 않는다. 따라서 approached me는 올바른 표현이다.
POINT 2 등위접속사 and를 중심으로 주어 She의 동사 approached와 sat이 과거 형태로 나열되었다.

**POINT 3** 콤마와 콤마 사이(, ,)의 부사 자리에 -ing(trembling) 형태를 쓴 분사구문으로 올바르다. ▪ 2017 지방직 7급

📖 POINT 007 /POINT 002 /POINT 077

④ **POINT 1** 감각동사 feel은 형용사를 보어로 쓴다. 따라서 felt sorrowful은 올바른 표현이다.
**POINT 2** used to Ⓡ은 '~하곤 했다, 한때는 ~였다'를 의미하는 조동사이다.
**POINT 3** where가 이끄는 부사절이 'nothing(주어) faced(동사) her(목적어)'의 완전한 문장인 것은 올바르다.
▪ 2017 지방직 7급 📖 POINT 005 (감각동사)/POINT 032 (조동사)

**해석**
① 오늘 아침에 갔어야 했는데, 몸이 좀 안 좋았다.
② 너는 아마 많은 양의 채소를 섭취하는 것이 완벽하게 건강을 유지하게 할 것이라고 생각할 것이다.
③ 그녀는 방의 끝 쪽에서 나에게 소심하게 다가오더니, 살짝 몸을 떨면서 내 옆에 앉았다.
④ 그녀는 슬픔에 잠길 때면 쓸쓸한 풍경 이외에는 아무것도 보이지 않는 창 쪽으로 몸을 돌리곤 했다.

**구문분석**
① I / must have gone (this morning), but I was feeling (a bit) ill.
② You / might think / that just eating a lot of vegetables will keep you (perfectly) healthy.
③ She / approached me (timidly) [from the farther end of the room], and (trembling (slightly)), sat down beside me.
④ (When she felt sorrowful,) she used to turn [toward the window], / where nothing faced her [but the lonely landscape].

## 011  정답 ④

**정답해설**
④ 앞의 many를 고려하여 뒤에는 가산명사를 복수 형태로 써야 한다. 하지만 layer and complexity, 즉 단수 형태로 쓰였으므로 복수 형태인 layers and complexities로 고치는 것이 옳다.
(layer and complexity → layers and complexities) 📖 POINT 050

**오답해설**
① 명사 opportunity 뒤에 쓰인 to Ⓡ로, 형용사적 용법으로 옳게 쓰였다. 📖 POINT 071
② 부사절 접속사 "when" 뒤에 "-ing"의 형태가 쓰여, 분사구문이 되었다. 분사구문에서 -ing는 능동으로 뒤에 목적어를 써야 하는데, 뒤에 목적어가 없고, 내용상 앞선 주어 "fashion"이 "무언가를 만드는 것"(능동)이 아니라, "만들어 지는 것"(수동)이므로 수동의 의미인 p.p. 형태로 쓴것은 옳다. 📖 POINT 077
③ 명사 choices 뒤의 -ing로 쓰였다. 이런 경우 -ing가 쓰였는지 p.p.가 쓰였는지를 확인해야 한다.

| 명 | -ing (능) | -하는 명/명이 -ing 하다 |
|---|---|---|
| | p.p (수) | -당한/되어진 명/명이 p.p 되다 |

해당 문장에서는 ⑭ choices 뒤에 regard, 즉 타동사 regard가 -ing로 쓰였다. 타동사가 -ing로 쓰일 경우 뒤에 목적어를 써야 하며 뒤에 ⑮인 the fashions이 옳게 쓰였다. 📖 POINT 073

**해석** 사람들은 매일 옷을 입을 때 지속 가능한 방식으로 행동할 수 있는 기회를 가지고 있고, 지속 가능성에 대한 폭넓은 이해 안에서 창조될 때, 패션은 환경뿐만 아니라 사람들 역시도 유지시킬 수 있다. 사람들은 그들이 구매하는 패션과 관련하여 사회적으로 책임감 있는 선택을 하고 싶은 욕구가 있다. 패션 디자이너와 제품 개발자로서, 우리는 책임감 있는 선택을 제공해야 하는 도전을 받고 있다. 우리는 현존하고 있는 복잡성과 다양한 층에 대해 열려있도록 패션의 인식을 넓힐 필요가 있다. 패션을 구현하는 사람, 과정, 환경도 지속 가능한 새로운 방향을 요구하고 있다. 정말 멋진 기회가 기다리고 있는가!

**구문분석**

People / have opportunities (to behave) ⟨in sustainable ways⟩ (every day) (when they get dressed, and fashion, [when created ⟨within a broad understanding of sustainability⟩]₅ / can sustain people as well as the environment. People / have a desire / to make socially responsible choices / ⟨regarding the fashions / (they purchase)⟩. As designers and product developers of fashion⟩, we / are challenged ⟨to provide responsible choices⟩. We / need to stretch the perception of fashion / (to remain open) ⟨to the many layers and complexities⟩ / [that exist]. The people, processes, and environments / [that embody fashion] are also calling for new sustainable directions. What a fabulous opportunity awaits!

---

## 012  정답 ④

**정답해설** ④ 「주장·명령·요구·제안」 동사인 recommend 동사 뒤의 that절에는 항상 should ® 혹은 ®을 쓴다. (buys → should buy / buy) ▪ 2023 지방직 9급 📖 POINT 028

**오답해설** ① 사역동사 make 뒤 목적격 보어 자리에 p.p.(수동)가 쓰였다. 그가 "들어맞다/적합하다"의 의미인 타동사 suit가 뒤에 목적어 없이 쓰였고, 내용상 "그가 프로젝트에 들어맞게 되는 것"이므로, 수동의 형태인 p.p.로 쓴 것은 옳다. ▪ 2023 국가직 9급 📖 POINT 062

② 해당 영문장은 분사구문이다. '10년을 외국에서 산 것'이 먼저이고, 자동사인 be동사를 썼으므로 having been을 쓴 것은 올바르다. 분사구문에 주어가 없는데, 이는 주절의 주어 he와 같아서 생략된 것이다. ▪ 2017 국가직 9급 📖 POINT 077

③ POINT 1  관계대명사 what은 뒤에 불완전한 문장을 쓰고, 앞에 명사를 두지 않는다. 이 문장은 What 뒤에 주어가 빠진 불완전한 형태가 왔고, 앞에는 명사가 없으므로 올바른 표현이다.

POINT 2  what절이 주어일 때에는 단수 취급한다. '중요하다'를 의미하는 동사 matter의 주어는 앞선 What이므로 단수 형태의 matters를 쓴 것은 올바르다.

POINT 3 부사의 최상급에는 정관사 the를 쓰지 않는다. 따라서 '가장 많이'를 의미하는 부사 much의 최상급을 정관사 the 없이 쓴 것은 올바르다. ▪ 2018 지방직 7급  POINT 119 (포인트1)/POINT 044 (포인트2)/POINT 083 (포인트3)

**구문분석**

① 과거 경력 덕분에 그는 그 프로젝트에 적합하였다.
→ His past experience / made him suited ⟨for the project⟩.
　　　S　　　　　　　　V　　O　p.p.　전　명

② 그는 10년 동안 외국에 있었기 때문에 영어를 매우 유창하게 말할 수 있다.
→ Having been abroad for ten years, he / can speak English (very fluently).
　↳ 분사구문(능동)　　　　　　　　　　S　　V　　　O

③ 대다수의 기관에서 가장 중요한 것은 유능한 관리자들을 두는 것이다.
→ (What matters (most) [in the majority of organizations]) / is having competent managers.
　　　　V　　　　　　　　S　　　　　　　　　　　　　　　　　　V　　　　　O

④ 중개인은 그녀에게 즉시 주식을 사라고 권했다.
→ The broker / recommended that she buy the stocks (immediately).
　　S　　　　　V　　　　　　　S　V　　O　　부사

## 013  정답 ③

**정답해설** ③ by stacking에는 "~함으로써" 표현인 by -ing가 옳게 쓰였다. [전치사의 목적어]

**오답해설** ① founded는 "설립하다" 의미의 found의 과거형으로 내용상 옳지 않다. Alessandro Volta가 "발견했다"는 내용이 되어야 하므로 "찾다/발견하다"의미의 find의 과거형인 found로 고치는 것이 옳다.
(founded → found)  POINT 018

② 「be동사」가 제시되면 반드시 수 일치를 확인한다. 동사 were(복수)의 주어는 앞선 명사 a combination(단수)이다. 따라서, 단수 형태인 was를 쓴다. (of silver, copper, and zinc는 전명구로 수식어구)
(were → was)  POINT 041

④ (what → that)  POINT 121

**해석** 좋은 출발점을 찾기 위해서는 최초의 현대식 전기 배터리가 개발된 1800년으로 돌아가야 한다. 이탈리아의 Alessandro Volta는 은, 구리, 아연의 조합이 전류를 발생시키는 데 이상적이라는 것을 알아냈다. 볼텍 파일이라고 불리는 향상된 디자인은 바닷물에 담긴 판지로 만들어진 디스크 사이에 이러한 금속으로 만들어진 디스크를 쌓아올림으로써 만들어졌다. 볼타의 업적에 대한 이야기가 있었기 때문에 그는 나폴레옹 황제 앞에서 이를 증명해 보일 것을 요청받았다.

> **구문분석**
> 
> ⟨To find a good starting point⟩, one / must return ⟨to the year 1800⟩ [during which] the first modern electric battery was developed. Italian Alessandro Volta / found / that a combination ⟨of silver, copper, and zinc⟩ was ideal ⟨for producing an electrical current⟩. The enhanced design(, called a Voltaic pile,) / was made ⟨by stacking some discs⟩ / made ⟨from these metals⟩ ⟨between discs⟩ / (made of cardboard) (soaked in sea water). There / was such talk ⟨about Volta's work⟩ / that he was requested / to conduct a demonstration ⟨before the Emperor Napoleon himself⟩.

## 014  정답 ②

**정답해설**

② '선호하다, 좋아하다'를 의미하는 prefer는 prefer -ing to -ing 형태로 쓰거나, prefer to ⓡ rather than (to) ⓡ 형태로 쓴다.
(prefer to staying home than to going → prefer staying home to going) ▪ 2017 지방직 9급  POINT 089

**오답해설**

① POINT 1 '~ 때문에'의 전치사 owing to(= because of/on account of/due to) 뒤에는 명사를 목적어로 쓴다.
POINT 2 has risen에서 동사 rise는 '오르다, 떠오르다'를 의미하는 자동사이다. 따라서 risen 뒤에 목적어를 쓰지 않은 것은 올바르다. ▪ 2017 지방직 9급  POINT 108 (포인트1)/POINT 017 (포인트2)

③ POINT 1 not ~ always는 '항상 ~인 것은 아니다'를 의미하는 부분부정 표현이다. 이는 주어진 우리말의 '항상 ~은 아니었다'에 잘 부합한다.
POINT 2 limited는 명사 a fashion item을 뒤에서 수식하는 p.p. 형태로 쓰였다. p.p. 형태이므로 뒤에 목적어를 쓰지 않은 것은 올바르다. ▪ 2017 지방직 7급  POINT 112 (포인트1)/POINT 073 (포인트2)

④ "~를 보다"의 의미인 동사 "look at"이 수동태로 쓰였다. 이때, 동사는 "be looked at" (by~)의 형태로 쓴다. 올바른 표현이다. ▪ 2023 지방직 9급  POINT 064

**구문 분석**

① 폭우로 인해 그 강은 120cm 상승했다.
→ [Owing to the heavy rain,] the river / has risen [by 120cm].

② 나는 눈 오는 날 밖에 나가는 것보다 집에 있는 것을 더 좋아한다.
→ I / prefer staying (home) than going (out) [on a snowy day].

③ 높은 굽이 항상 여성에게 국한된 패션 품목은 아니었다.
→ High heels / were (not) (always) a fashion item / limited to women.

④ 그 그림은 미술 평론가에 의해 주의 깊게 살펴보아졌다.
→ The picture / was (looked at) (carefully) ⟨by the art critic⟩.

## 015 정답 ①

**정답 해설**
- 동사 has (finally) had는 "사역동사"로 사역동사 have 뒤의 목적격 보어가 ⓡ/-ing로 쓰는 경우는 능동이고, p.p.로 쓰는 경우는 수동이다. it(pencil)이 무언가를 제거하는 것이 아니라, 제거 되어지는 것이고, 타동사인 remove 뒤에 목적어가 없으므로, 수동의 형태로 쓴다. (remove → removed)
- "~한 채로"의 의미로 with 명 -ing/p.p.가 쓰였다. -ing는 능동의 의미이고, p.p.는 수동의 의미이다. "연필이 꽂힌 채로"(수동)이므로, p.p.의 형태인 stuck을 쓴 것은 옳다. ▪ 2023 국가직 9급  POINT 024 /POINT 074

**오답 해설**
② 접속사 while 뒤에 -ing의 형태가 쓰여 분사구문이 되었다. 분사구문에서는 「태/주어/시간」을 확인해야 한다. 여기서는 생략된 주어는 앞선 my hat이 되므로 "모자가 걷다"의 의미가 되어서 어색하다. 절의 형태로 쓴다.
(while walking → while I walked) ▪ 2022 국가직 9급 POINT 077

③ 동사 'know'는 "~을 알다"의 의미로 타동사이다. 뒤에 목적어가 없고, 내용상 "그녀가 ~로서 알려져 있다"의 의미가 되어야 하므로, 수동태의 형태로 has been known을 쓴다. (be known as ~로서 알려지다)
(has known → has been known) ▪ 2022 국가직 9급 POINT 064

④ 난이 형용사 hard는 가주어 – 진주어로 쓸 때, that 절을 쓰지 않고 to ⓡ(부정사)로 쓴다.
(that people pick up → (for people) to pick up) ▪ 2022 서울시 기술직 9급 POINT 079

**해석**
① 연필 끝을 머리에 꽂은 한 여성이 마침내 그것을 뺐다.
② 그녀는 경력 내내 주로 정치 만화가로 알려져 왔다.
③ 좁은 길을 걷다가 모자가 바람에 날렸다.
④ 사람들은 경제에 관한 새로운 통계를 보지 않고는 신문을 집어 들기 어렵다. (사람들은 신문을 집어들 때마다, 경제에 관한 새로운 통계를 보게 된다.)

> 구문 분석
>
> ① A woman ⟨with the tip of a pencil stuck⟩ ⟨in her head⟩ / has finally had it removed.
> ② My hat / was blown off ⟨by the wind⟩ (while I walked ⟨down a narrow street⟩).
> ③ She / has been known (primarily) ⟨as a political cartoonist⟩ ⟨throughout her career⟩.
> ④ It / is hard [for people] to pick up a newspaper ⟨without seeing some newly reported statistic⟩ ⟨about the economy⟩.

## 016   정답 ④

**정답 해설**
④ little은 수를 세지 못하는 개념으로 뒤에 불가산 명사를 단수로 써야 한다. 하지만 뒤에 spaces, 즉 복수명사가 쓰여 있기 때문에 수를 세는 개념과 함께 쓰는 few로 고치는 것이 옳다.
(little → few)  POINT 050

**오답 해설**
① 타동사 involve 뒤에 목적어로 -ing(동명사)의 형태인 creating(work)를 쓴 것은 옳다.  POINT 068
② 『전치사』 "contrary to" 뒤에 『관계대명사』 what이 쓰였다. 뒤의 타동사 "believe" 뒤에 목적어가 빠진 불완전한 형태의 문장이 쓰였고, 앞에 명사를 쓰지 않았으므로 what을 쓴 것은 옳다.  POINT 119
③ 명(every city) 뒤에 쓰인 where은 관계부사로 뒤에 완전한 구조의 문장이 온 것은 옳다.  POINT 116

**해석** 도시 농업(UA)은 오랫동안 도시에는 설 자리가 없는 변두리 활동일 뿐이라고 일축되어 왔지만, 그것의 잠재력이 실현되기 시작하고 있다. 사실, UA는 식량의 자립에 관한 것이다: 그것은 일자리를 창출하는 것을 포함하며, 특히 가난한 사람들을 위한 식량 부족에 대한 반응을 포함한다. 많은 사람들이 믿고 있는 것과는 반대로, UA는 모든 도시에서 발견되고, 때로는 숨겨져 있고, 때로는 명백한 것이다. 주의 깊게 살펴보면, 대도시에는 사용되지 않는 공간이 거의 없다. 가치 있는 빈 땅은 대부분 방치되지 않으며 종종 공식적으로건, 비공식적으로건, 넘겨진 뒤에 생산적으로 만들어지기도 한다.

> 구문 분석
>
> Urban agriculture (UA) / has long been dismissed [as a fringe activity] / (that has no place [in cities]); however, its potential is beginning to be realized. [In fact], UA / is about food self reliance: it / involves creating work and is a reaction [to food insecurity], [particularly for the poor]. [Contrary to what many believe], UA / is found [in every city], (where it / is [sometimes] hidden, [sometimes] obvious). (If one / looks [carefully]), few spaces [in a major city] / are unused. Valuable vacant land / [rarely] sits idle and / is [often] taken over – either formally, or informally – and / made productive.

## 017 정답 ④

**정답 해설**

④ 「기한」을 나타내는 전치사 'until'과 'by'의 차이를 묻는 문제이다.
'until'은 지속을 나타내며, 'by'는 일회성을 나타낸다. ▪ 2023 국가직 9급  POINT 106

> **참고**
> • Wait until two o'clock. (기다림이 2시까지 지속)
> • Can you finish the work by two o'clock? (2시까지 끝을 내는 행위는 1회성)

**오답 해설**

① '~할수록 ~해지다'의 의미인 "the 비교급, the 비교급" 표현으로 뒤의 the more은 difficult를 비교급으로 만들기 위해 쓰인 것이다. 이 경우 두 단어는 붙여서 써야 한다. ▪ 2017 국가직 9급 추가 채용  POINT 083

② '가주어 – 진주어' 구조이다. 즉 진주어는 뒤의 that절이고, 가주어로 it이 쓰였다. '발생하다'를 의미하는 happen은 1형식 동사로, 그 자체로 완전한 문장을 만든다. '증명하다, ~로 판명되다' 등을 의미하는 동사 prove가 이 문장에서는 '~로 판명되다'를 의미하여 2형식으로 올바르게 쓰였다. ▪ 2017 국가직 9급 추가 채용

③ 부정어구 no sooner 뒤에서 올바르게 도치되었고(had he finished), 접속사 than과 함께 쓴 것도 적절하다. ▪ 2017 지방직 7급  POINT 099

**구문 분석**

① 나이가 들어갈수록 그만큼 더 외국어 공부가 어려워진다.
→ The older you grow, the more difficult it becomes to learn a foreign language.
　　the 비교　　　　　the 비교

② 이 질병이 목숨을 앗아 가는 일은 좀처럼 없다.
→ It (rarely) happens / (that this disease proves fatal.)
　가S　　　V　　　　진S　　S　　　V　　C

③ 그는 하나의 일을 끝내자마자 다른 일을 하도록 요청을 받았다.
→ No sooner had he finished one task than he / was asked [to do another one].
　부정어구　조　주　동　　O　　　　　S　　V　　　직·목

④ 우리는 그 일을 이번 달 말까지 끝내야 한다.
→ We / have to finish the work ⟨by the end of this month⟩.
　S　　　V　　　　O　　　전　　　　명

## 018 정답 ②

**정답 해설**

뒤의 「, and」를 고려하면 3개 이상 나열된 구조로 볼 수 있다. 따라서, security(명), warm(형), and love(명)는 모두 같은 요소가 되어야 하므로 형용사의 형태인 warm을 명사 형태인 warmth로 고친다.
(warm → warmth) ▪ 2022 지방직 9급  POINT 002

**오답 해설**

① 전치사 beside는 "~의 옆에"의 의미이고, besides는 "~이외에도/게다가"의 의미이다. 동사 stand 뒤에 "~의 옆에"의 의미로 전치사 beside가 올바르게 쓰였다. ▪ 2022 서울시 기술직 9급  POINT 114

③ "~의 수"의 의미인 the number of는 단수 취급하므로, 뒤의 단수 형태의 동사 is와 어울리게 쓰였다. ▪ 2022 지방직 9급
📖 POINT 043

④ ・「as ~ as」 원급 비교에서 뒤의 "as"는 비교 접속사로 "~만큼"의 의미이다.
・이 비교 접속사 as 뒤에서는 앞선 부분의 반복이 있다면 생략된다. as we used to (save much money)에서 반복된 (save much money)가 생략된 형태로 올바르게 쓰였다.
・used to ~는 "한때는 ~했었다/~하곤 했다"의 의미로 「과거 습관 등」을 나타낸다. 내용상 "과거보다 현재 저축을 덜 한다"의 의미로 쓰였으므로, 올바른 표현이다. ▪ 2023 지방직 9급 📖 POINT 032

**해석**
① 못생기고 오래된 노란 양철 양동이 난로 옆에 서 있었다.
② 우리 집은 나에게 안정감, 따뜻함, 그리고 사랑의 느낌을 준다.
③ 자동차 사고의 수가 증가하고 있다.
④ 요즘 우리는 예전만큼 많은 돈을 저축하지 않는다.

**구문분석**
① An ugly, old, yellow tin bucket / stood ⟨beside the stove⟩.
    S                              V₁   전    명
② My home / offers me a feeling ⟨of security, warmth, and love⟩.
   S        V₄  人  物        Ⓐ         Ⓑ         Ⓒ:3개 나열
③ The number of car accidents / is ⟨on the rise⟩.
   S                            V₁  전  명 : the number of ~의 수
④ (These days) we / do not save as much money as we used to.
   S           V                O            Ⓢ Ⓥ
                              원급비교

## 019  정답 ③

**정답 해설**
③ than이 있으면 그 앞에 무조건 비교급이 있어야 한다. 하지만 앞에 비교급 표현이 없으므로 비교표현인 more expensive로 고치는 것이 옳다.
(very expensive → more expensive) 📖 POINT 081

**오답 해설**
① "~하기에"의 의미로 부사로 to Ⓡ(부정사)를 쓴 것은 옳다. 📖 POINT 079
② "- 때문에" 의미의 전치사인 due to 뒤에 명사구만 쓴 것은 옳다. 📖 POINT 108
④ 접속사 while 뒤에 p.p가 쓰여, 분사구문이 되었다.
ⅰ) 분사구문에서, p.p는 수동으로 뒤에 목적어가 없어야 하는데 없다.
ⅱ) while과 considered 사이에 주어가 없으므로, 주절의 주어인 honey가 주어이다. 따라서, 주어인 honey가 무언가를 "고려된다"는 것은 자연스러우므로 수동의 형태인 considered로 쓴 것은 옳다. 📖 POINT 077

**해석** 주요 감미료로서의 꿀의 역할은 설탕의 등장으로 인해 어려움을 겪었다. 원래 사탕수수의 달콤한 즙으로 만들어졌던 중세의 설탕은 생산하는 데 매우 비용이 많이 들고 시간이 많이 걸렸다. 그러나, 18세기에 이르러서는, 식민지 플랜테이션에서의 노예 노동의 사용으로 인해, 설탕은 더 저렴해지고 이용이 용이해졌다. 꿀은 오늘날 설탕이나 다른 인공 감미료보다 훨

씬 더 비싸다. 꿀은 필수품이라기보다는 사치품으로 여겨지지만, 여전히 기호품으로 여겨지고 있으며, 흥미롭게도, 그것은 건강을 주는 특별한 성질을 가진 재료로 계속해서 여겨지고 있다.

**구문 분석**

Honey's role [as a primary sweetener] / was challenged [by the rise of sugar]. [Initially made from the sweet juice of sugar cane], sugar [in medieval times] / was [very] expensive and time-consuming [to produce]. [By the eighteenth century], however, sugar — [due to the use of slave labor] [on colonial plantations] — / had become more affordable and available. Honey / is today far more expensive than sugar or other artificial sweeteners. While considered ⟨as something⟩ (of a luxury) [rather than an essential], honey / is [still] regarded [with affection], and, [interestingly], it / continues to be seen [as an ingredient] [with special, health-giving properties].

## 020 정답 ①

**정답해설**

① '타협하다'를 의미하는 단어는 compromise이다. 따라서 '약속하다'를 의미하는 promise를 compromise로 고치는 것이 올바르다.
(promise → compromise) ▪ 2017 국가직 9급 추가 채용

**오답해설**

② "매 이틀마다"의 표현을 묻는 문제이다. ▪ 2023 국가직 9급 **POINT 049**

※ 매 이틀마다

| every two days |
| every second day |
| every other day |

③ **POINT 1** it ~ that 강조 구문 사이에 주어가 삽입되었다.
   **POINT 2** 'A가 아니라 B이다'를 의미하는 not Ⓐ but Ⓑ 형태는 올바르다.
   **POINT 3** '당황시키다'를 의미하는 perplex는 감정동사로, 뒤에 목적어를 쓰는 타동사이다. 그러므로 이 문장에서 뒤에 목적어를 쓴 것은 올바르다. ▪ 2017 지방직 9급 **POINT 109 (포인트1)/POINT 046 (포인트2)/POINT 075 (포인트3)**

④ '아무리 ~해도 지나침이 없다'를 의미하는 cannot ~ too ~ 표현이므로 올바르게 쓰였다. ▪ 2017 지방직 9급 **POINT 036**

> **구문 분석**
>
> ① 뒤쪽은 너무 멀어요. 중간에 앉는 걸로 타협합시다.
> → The back / is (too) far (away). Let's compromise and sit / [in the middle].
>
> ② 그녀는 이틀에 한 번 머리를 감는다.
> → She / washes her hair ⟨every other day⟩.
>
> ③ 그를 당황하게 한 것은 그녀의 거절이 아니라 그녀의 무례함이었다.
> → It was (not her refusal but her rudeness) that perplexed him.
>
> ④ 부모는 아이들 앞에서 그들의 말과 행동에 대해 아무리 신중해도 지나치지 않다.
> → Parents / cannot be too careful (about their words and actions) (before their children).

## 021  정답 ①

**정답 해설**

① "여기에 ~가 있다"를 의미 Here is/are의 주어는 뒤에 있다. 즉 "a few tricks"(복수)가 주어이므로 동사 또한 이와 수 일치 하여 복수 형태인 are로 고치는 것이 옳다.

(is → are)   POINT 102

**오답 해설**

② 비교 접속사 than 앞에는 반드시 비교급 표현이 있어야 한다. 따라서 비교 표현인 earlier을 쓴 것은 옳다.
  POINT 081

③ one of 뒤에는 ⑲을 복수로 쓴다. 따라서 main reasons로 쓴 것은 옳다.   POINT 042

④ as ~ as possible(가능한 한 ~하게) 표현에서, as ~ as 사이에 형용사 dark가 쓰였다. 앞선 문장의 동사 keep이 5형식으로 썼으므로 보어가 될 수 있는 형용사로 쓴 것은 옳다.   POINT 010

**해석** 아침에, 특히 춥거나 비가 오는 날에 어려울 수 있다. 담요는 너무 따뜻하고 편하다. 그리고 우리는 보통 수업이나 사무실에 가는 것에 대해 신이 나지 않는다. 여기 일찍 일어나기 더 쉽게 만드는 몇 가지 요령이 있다. 우선, 일찍 일어나려면 확실한 결정을 내려야 한다. 다음으로, 필요한 시간보다 한 시간 일찍 알람을 맞춰라. 이렇게 하면, 당신은 아침에 서두르지 않고 쉴 수 있다. 마지막으로, 우리가 아침에 침대에서 일어나고 싶지 않은 주된 이유 중 하나는 우리가 밤에 잠을 잘 자지 않기 때문이다. 그래서 우리는 잘 쉬지 못한 채로 일어나는 것이다. 당신의 방을 가능한 한 어둡게 유지해라. 야간 조명, 디지털 시계, 그리고 휴대폰 전원 표시등은 모두 충분한 휴식을 방해할 수 있다.

## 구문분석

It / can be difficult [in the mornings], [especially on cold or rainy days]. The blankets / are just too warm and comfortable. And we / aren't usually excited [about going to class or the office]. Here / are a few tricks (to make waking up early, easier). First of all, you / have to make a definite decision (to get up early). Next, set your alarm [for an hour earlier] than you need to. (This way), you / can relax [in the morning] [instead of rushing around]. Finally, one of the main reasons (we don't want to get out of bed [in the morning]) / is that we don't sleep well 〈during the night〉. That's why (we don't wake up well-rested). Make sure to keep your room as dark as possible. Night lights, digital clocks, and cell phone power lights / can all prevent good rest.

## 022 정답 ②

**정답해설**

② 사역동사 have 뒤에 목적어가 쓰이고 뒤로 –ing의 형태가 목적격 보어로 쓰였다. 사역동사 have 뒤의 –ing는 능동의 의미로, "방이 (무언가를) 치우다"(*) 의 의미가 되어 어색하다. 따라서, '방이 치워지다'의 의미가 되도록 수동의 형태인 p.p.의 형태로 쓴다.

(cleaning → cleaned) ▪ 2022 서울시 기술직 9급 📖 POINT 024

**오답해설**

① ⅰ) 수여동사 ask 뒤에 간·목(me) 직·목(why ~ day after day)를 쓴 것은 옳다.

ⅱ) 종속절인 목적어절 "why I kept coming back day after day"를 의문문의 어순, 즉 『도치문』이 아닌 [주어 – 동사]의 순서인 『정치문』으로 쓴 것은 옳다.

ⅲ) keep은 1형식으로 쓰는 경우 keep (on) –ing를 쓰는데, 여기서 on은 생략이 가능하다. 올바른 표현이다. ▪ 2022 지방직 9급 📖 POINT 034 /POINT 171 /POINT 010

③ • 서술적 형용사 alive가 부사자리에 쓰여 분사구문이 되었다.

• ", and"의 쓰임으로 보아 3개 나열된 구조이다. 모두 명사로 올바르게 나열되었다. (a tradition, a duty, and a care.) ▪ 2022 서울시 기술직 9급 📖 POINT 077 /POINT 002

④ ⅰ) 주어진 문장의 동사는 are attracted로 뒤에 목적어가 없고, 내용상 "곤충이 무언가를 끄는 것"(능동)이 아니라, "끌리는 것"(수동)이므로, 수동태로 쓴 것은 옳다.

ⅱ) 명사 scents 뒤에 that이 쓰여 관계대명사가 되었다. 관계대명사 that 뒤에는 불완전한 문장을 쓰는데, 뒤에 주어가 빠진 불완전한 문장이 쓰인 것은 옳다.

ⅲ) 동사 aren't(복수)는 앞선(선행) 명사 scents(복수)와 수일치하므로, 올바른 표현이다. ▪ 2022 지방직 9급

📖 POINT 064 /POINT 118 /POINT 039

**해석**
① 그는 나에게 왜 매일 돌아오냐고 물었다.
② 그녀에게 집을 청소하라고 전해 주세요.
③ 살아 있는 동안, 그녀는 전통이자 의무이자 돌봄이었다.
④ 곤충들은 종종 우리에게는 분명하지 않은 냄새에 이끌린다.

**구문분석**

① He / asked me ⟨why I kept coming back ⟨day after day⟩⟩.
　S　V₄　㉠　㉯ S　V　　　　O

② Send her word / to have her place cleaned up.
　 Ⓡ₄ ㉠　㉯　　형용사 사역V　O　　p.p.(수동)
　⟨명령문⟩

③ Alive, she / had been a tradition, a duty, and a care.
　형(분사구문) S　　V　　C_A　　　C_B　　　C_C　(3개 나열)

④ Insects / are (often) attracted ⟨by scents⟩ / [that aren't obvious ⟨to us⟩].
　　S　　　V　　　　C　　　전　명　　관대　Ⓥ　　C

## 023　정답 ②

**정답해설**
② ⅰ) "먹이다"의 의미인 타동사 feed가 뒤에 목적어 없이 쓰여서 수동태로 쓰인 것은 옳다. 또한, 내용상 "말이 (무언가를) 먹이다"(능동)가 아니라, 말이 먹이를 받는 것(수동)이므로 수동태로 쓴 것은 옳다.
ⅱ) according to는 전치사로 뒤에 명사를 쓴 것은 옳다.
ⅲ) its는 앞선 명사 "A horse"를 지칭하므로, 단수 형태로 쓴 것은 옳다. ▪ 2022 국가직 9급 📕 POINT 064 / POINT 108 / POINT 054

**오답해설**
① 명사 (the percentage of) the population 뒤에 which가 쓰여 관계대명사가 되었다. 관계대명사 which 뒤에는 항상 불완전한 문장이 쓰여야 하는데, 뒤에 1형식의 완전한 형태의 문장이 쓰였다. 따라서, 소유격 whose로 고친다.
(which → whose) ▪ 2022 서울시 기술직 9급 📕 POINT 117

③ p.p.의 형태인 done은 동사적 성질을 가지므로, 형용사가 수식할 수 없다. 따라서, 부사인 well로 수식한다.
(good → well) ▪ 2022 국가직 9급 📕 POINT 107

④ "~에도 불구하고"의 의미인 despite는 전치사로만 쓴다. 뒤에 문장이 쓰였으므로, 접속사인 although/though/even though 등을 쓴다.
(despite → although/though/even though) ▪ 2022 서울시 기술직 9급 📕 POINT 108

**해석**
① 빈곤율은 가구 소득이 절대 (빈곤) 수준 이하로 떨어지는 인구의 비율이다.
② 말은 개인의 요구와 일의 성격에 따라 먹이를 주어야 한다.
③ 심지어 어린 아이들도 잘한 일에 대해 칭찬을 받는 것을 좋아한다.
④ 평균소득 증가세가 지속되고 있지만 빈곤율은 감소하지 않고 있다.

**구문 분석**

① The poverty rate / is the percentage ⟨of the population⟩ [whose family income] falls ⟨below an absolute level⟩.
　　　S　　　　　　V　　　C　　　　　　　　　　　　　　관대 소유격　　　　　　S　　V　　전
　　　　　　　　　　　　　　　　　　　　　　　　　　　　　　　　　　　　　　　　　　　　　　　　　명

② A horse / should be fed ⟨according to its individual needs and the nature of its work⟩.
　　S　　　　V　　　C　　　전　　　　　　　명A　　　　　　　　　　　명B

③ (Even) young children / like to be complimented ⟨for a job⟩ done (well).
　　부사　　　S　　　　　　V　　　　　C　　　　　　　　　　　　p.p.　부사

④ ⟨Although the growth / is continued (in average income)⟩, the poverty rate / has not declined.
　　　　　　　S　　　　　V　　C　　전　　　명　　　　　　　　　　S　　　　　　V₁

---

## 024　정답 ②

**정답 해설**

② 동사 has에 대한 주어는 "The deadly wildfires", 즉 복수이다. (, which have been raging since September, 는 삽입구) 따라서 동사 또한 이에 수 일치하여 복수 형태인 have로 고치는 것이 옳다.
(has → have) 📖 POINT 041

**오답 해설**

① 문장의 주어인 Australia가 산불에 '휩쓸린' 것이므로, 수동 분사구문 형태인 being ravaged를 쓴 것은 옳다.
📖 POINT 077

③ 문장의 주어 주정부와 연방 당국이 어려움을 겪고 있다는 '능동'의 의미이므로 be -ing(진행형)을 쓴 것은 옳다.

④ '~로서'의 의미로 쓰인 전치사 as이다. 뒤에 명사인 a key factor가 나왔으므로 옳다.

**해석**　호주는 수십 년 만에 최악의 산불에 휩쓸려 불타고 있다. 지금까지 전국적으로 총 23명이 화재로 사망했다. 9월부터 맹위를 떨치고 있는 이 치명적인 산불은 이미 약 5백만 헥타르의 땅을 태우고 1,500채 이상의 집을 파괴했다. 주정부와 연방 당국은 화재를 진압하기 위해 3,000명의 예비군을 배치했지만 캐나다를 포함한 다른 나라의 소방 지원에도 불구하고 어려움을 겪고있다. 불길을 부채질하는 것은 지속적인 더위와 가뭄이며, 많은 사람들은 기후 변화를 올해의 자연 재해 강도의 주요 요인으로 지적하고 있다.

**구문분석**

Australia / is burning, being ravaged [by the worst bushfire season (the country / has seen [in decades]). (So far), a total of 23 people / have died [nationwide] [from the blazes]. The deadly wildfires, / (which have been raging [since September]), / have already burned about 5 million hectares of land and / destroyed more than 1,500 homes. State and federal authorities / have deployed 3,000 army reservists [to contain the blaze], but / are struggling, [even with firefighting assistance from other countries], [including Canada]. Fanning the flames / are persistent heat and drought, with many pointing to climate change ⟨as a key factor⟩ ⟨for the intensity of this year's natural disasters⟩.

---

**025** 정답 ①

**정답해설**

ⅰ) "~하자마자"의 의미로 no sooner를 쓴 경우, 이 no sooner가 부정어구이므로, 뒤에서 반드시 도치를 발생시킨다.

ⅱ) 한편, 뒤의 than 절의 동사 started가 과거이고, 이 no sooner절이 먼저 발생한 사건이므로, 시제를 대과거로 쓴다.

ⅲ) have 뒤에는 항상 p.p. 형태로 써야 하므로, –ing의 형태인 finishing을 p.p.의 형태인 finished로 고친다.

 (no sooner I have finishing → no sooner had I finished) ▪ 2022 지방직 9급  POINT 099

> **참고**
> 
> **no sooner 구문**
> No sooner had he seen me than he ran away.
> = Hardly[Scarcely] had he seen me when[before] he ran away.
> = As soon as he saw me, he ran away.
> = On seeing me, he ran away.

**오답해설**

② ⅰ) • 부사자리에 –ing의 형태인 being이 쓰여 분사구문이 되었다. 분사구문에서 –ing는 능동으로 자동사인 be는 능동(–ing)으로만 쓸 수 있으므로, 올바르게 쓰였다.

　　　• 생략된 주어는 she 이므로 "(그녀가) 친절한 사람이어서, 그녀는 모든 이에게 사랑받는다"는 내용과 부합한다.

　　ⅱ) 타동사 love 뒤에 목적어가 없고, 내용상 "그녀가 사랑을 받는다"이므로, 수동태로 쓴 것은 옳다. ▪ 2022 국가직 9급

　　　 POINT 077 /POINT 064

③ "모든 점이 고려된다면"의 의미로 "All things considered"(독립 분사 구문)를 쓴 것은 옳다. ▪ 2022 국가직 9급

　　 POINT 077

④ ⅰ) 등위 접속사 but을 중심으로 동사 2개(studied/ended up)를 나열한 것은 옳다.

　　ⅱ) "결국 ~하게 되다"의 의미로 end up –ing를 쓴 것은 옳다. ▪ 2022 지방직 9급  POINT 002 /POINT 068

## 구문 분석

① 식사를 마치자마자 나는 다시 배고프기 시작했다.
→ No sooner / had I finished the meal than I / started feeling hungry (again).
부정부사  조  주  동    O   접 S    V      O₂      부사

② 친절한 사람이어서, 그녀는 모든 이에게 사랑받는다.
→ (Being a kind person), she / is loved ⟨by everyone⟩.
   분사구문              S    V   C   전   명

③ 모든 점이 고려된다면, 그녀가 그 직위에 가장 적임인 사람이다.
→ ⟨All things considered⟩, she / is the best-qualified person ⟨for the position⟩.
   분사구문                S   V         C                  전     명

④ 그는 대학에서 의학을 공부했으나 결국 회계 회사에서 일하게 되었다.
→ He / studied medicine ⟨at university⟩ but ended up working ⟨for an accounting firm⟩.
   S    V_A      O_A                        V_B          O_B

## 026 정답 ①

**정답 해설**

① 완전한 문장의 뒤 부사 자리에 -ing의 형태를 써서 분사구문이 되었다. 분사구문에서 -ing는 능동이므로 뒤에 목적어 절을 쓴 것은 옳다. 📖 POINT 077

**오답 해설**

② 명사 evening auction 뒤에 관계대명사 what이 쓰였다. 관계대명사 what 앞에는 명사를 쓸 수 없는데 명사 evening auction이 있으므로 what을 쓴 것은 틀리며, 앞에 을 쓸 수 있고 뒤에는 항상 불완전한 문장을 쓸 수 있는 관계대명사 that으로 고치는 것이 옳다. (해당 문장은 뒤에 주어가 빠진 불완전한 문장이 쓰였다.)
(what → that) 📖 POINT 121

③ "-하는 동안"을 의미하는 while은 으로 뒤에 주어-동사의 문장을 쓰고, during은 으로 뒤에 을 써야 한다. 하지만 while 뒤에 인 the evening sale만 쓰였으므로 같은 의미의 인 during으로 고치는 것이 옳다.
(while → during) 📖 POINT 108

④ be 동사가 나오면 반드시 수를 확인한다. were의 앞의 주어 자리에는 「Among her most prized possessions~」로 장소를 나타내는 구만이 있다. (sold during the evening sale은 p.p.로 후치 수식어구) 따라서, 도치가 발생했다. were의 주어는 뒤의 a 1961 bejeweled timepiece(단수)이다. 따라서, 단수 형태인 was를 쓰는 것이 옳다.
(were → was) 📖 POINT 102

**해석**
엘리자베스 테일러는 아름다운 보석들에 대한 안목을 가지고 있었고, 몇 년 동안 놀라운 작품들을 모아 놓았는데, 한 번은 "여자라면 언제나 더 많은 다이아몬드를 가질 수 있다"고 선언했었다. 2011년, 그녀의 가장 좋은 보석들은 1억 1,590만 달러를 가져온 저녁 경매에서 크리스티스에 의해 팔렸다. 저녁 세일 기간 동안 팔린 그녀의 가장 소중한 물건들 중에는 불가리가 1961년에 만든 보석으로 만든 타임피스가 있었다. 손목을 휘감도록 뱀 모양으로 설계되어 머리와 꼬리가 다이아몬드로 덮여 있고 최면을 거는 듯한 에메랄드 같은 두 개의 눈을 가진, 조심스러운 메커니즘이 사나운 턱을 열어 작은 쿼츠 시계를 드러낸다.

## Part 2

> **구문분석**
>
> Elizabeth Taylor / had an eye [for beautiful jewels] and (over the years) amassed some amazing pieces, (once) declaring / "a girl can always have more diamonds." (In 2011), her finest jewels / were sold [by Christie's at an evening auction] / (that brought in $115.9 million). [Among her most prized possessions] / sold [during the evening sale] / was a 1961 bejeweled timepiece [by Bulgari]. Designed [as a serpent] / [to coil] [around the wrist], [with its head and tail covered] [with diamonds] and having two hypnotic emerald eyes, a discreet mechanism / opens its fierce jaws / to reveal a tiny quartz watch.

## 027 정답 ④

**정답해설**
④ 비교급의 표현인 more는 항상 than과 짝을 이룬다. as를 than으로 고친다.
(as → than) • 2022 국가직 9급  POINT 081

**오답해설**
① "~할 수 밖에 없다"의 의미로 'have no choice but to Ⓡ'을 쓴 것은 옳다. • 2022 지방직 9급  POINT 037
② "~ 할 작정이다"의 의미로 be aiming to Ⓡ을 쓴 것은 옳다. • 2022 지방직 9급 [숙어 표현]
③ ⅰ) "절대 ~아니다" (=never)의 의미로 "by no means"를 삽입한 것은 옳다.
ⅱ) 『난이 형용사』 "easy"는 항상 "가주어 – 진주어"의 형태로 쓰며, 이때 진주어는 반드시 『to Ⓡ』로 쓴다. 올바른 표현.
ⅲ) to Ⓡ의 『(의미상)주어』는 『for Ⓢ』의 형태로 쓴다. 올바르게 쓰였다. • 2022 국가직 9급  POINT 079 (난이형용사)

**구문분석**

① 그녀는 사임하는 것 외에는 대안이 없었다.
→ She / had no alternative but to resign. have no choice but to Ⓡ: ~할 수밖에 없다

② 나는 5년 후에 내 사업을 시작할 작정이다.
→ I'm aiming to start my own business ⟨in five years⟩.

③ 우리가 영어를 단시간에 배우는 것은 결코 쉬운 일이 아니다.
→ It / is ⟨by no means⟩ easy ⟨for us⟩ / to learn English ⟨in a short time⟩.

④ 우리 인생에서 시간보다 더 소중한 것은 없다.
→ Nothing / is more precious than time ⟨in our life⟩.

## 028 정답 ②

**정답해설** 감정 동사 frighten을 2형식의 동사 뒤에서 보어로 썼다. 목적어 her 앞에는 전치사 to를 함께 쓴다. 📖 POINT 075
(her → to her) ▪ 2022 서울시 기술직 9급

**오답해설**
① "가장 완벽한"의 의미로 최상급 the most perfect를 쓴 것은 옳다. ▪ 2022 서울시 기술직 9급 📖 POINT 081
③ "둘다"의 의미인 both 뒤에 복수 명사를 쓴 것은 옳다. ▪ 2022 지방직 9급 📖 POINT 045
④ ⅰ) 가정법 과거완료에서 if가 생략되어 도치가 올바르게 발생했다. (had I realized)
　ⅱ) 관계 대명사 what 뒤에는 항상 불완전한 형태의 문장을 쓰므로, 타동사 "(were intending) to do ø" 뒤에 목적어가 빠진 불완전한 형태로 쓴 것은 옳다.
　ⅲ) 가정법 과거완료의 주절에 would have p.p.의 형태로 쓴 것은 옳다. ▪ 2022 지방직 9급 📖 POINT 094 / POINT 119

**TIP** ④ 가정법 문장에서 if가 생략되는 경우에는 도치(조주동 어순)가 발생한다. 이 'if 생략 - 도치'는 공무원 영어 최다 빈출 포인트이므로 반드시 알아볼 수 있어야 한다. 조주동으로 시작되는 문장은 두 가지로, 다음과 같다.
의문문 ~? → 물음표로 끝남.
if 생략문 → 마침표로 끝남.

**해석**
① 그것은 지금까지 발명된 복사기 중 가장 완벽한 복사기이다.
② 존은 그녀에게 매우 겁나는 존재였다.
③ 종이의 양면에 글을 쓸 수 있다.
④ 네가 뭘 하려는지 알았다면 말렸을 거야.

**구문분석**
① It / is the most perfect copier ⟨ever invented⟩.
　 S　V　　　　　　C　　　　　　　p.p.
② John / was very frightening ⟨to her⟩.
　 S　　V　　　　C　　　　　전 명
③ You / can write ⟨on both sides⟩ ⟨of the paper⟩.
　 S　　　V
④ Had I realized [what you were intending to do], I / would have stopped you.
　 조 주 동　　관대 Ⓢ　　　Ⓥ　　　　　　S　　　V　　　　O
　 if 생략: if절

## 029 정답 ③

**정답해설** ③ "대부분의" 뜻을 가진 most of 뒤에 대명사 us를 쓴 것은 옳다. 📖 POINT 052

**오답해설** ① 명사 lady 뒤에서 '~ 당한/되어진'을 의미하는 p.p가 후치 수식하는 구조이다. p.p는 수동으로 뒤에 목적어를 쓸 수 없는데, 해당 문장은 타동사 write out 뒤에 목적어 checks가 있으므로 written out은 쓸 수 없다. 목적어를 쓸 수 있는 능동태인 writing out으로 고치는 것이 옳다.

(written out → writing out) 📖 POINT 073

② 비교급을 강조하는 말은 much, even, still, (by) far, a lot 등이며 very는 쓰지 않는다. 따라서 very를 "much, even, still, (by) far, a lot" 중 하나로 고치는 것이 옳다.

(very → much) 📖 POINT 090

④ alike는 '닮았다'를 의미하는「서술적 형용사」로 뒤에 명사를 쓰지 않는다. 하지만 뒤에 "our talents, our time, our decisions, our body, and our energy"라는 명사가 나왔으므로 '~처럼'을 의미하는 전치사로 뒤에 명사를 쓰는 like로 고치는 것이 옳다.

(alike → like) 📖 POINT 106

 해석   사람들은 박애주의자라는 단어를 생각할 때, 진주 악세사리를 한 할머니가 많은 0으로 수표를 작성하는 모습을 상상하기 쉽다. 그러나 박애의 근본적 의미는 훨씬 보편적이고 접근하기 쉽다. 즉, '큰 수표를 쓰는 것'을 의미하는 것이 아니다. 오히려 자선가는 자신이 가진 어떤 부로 세상에 변화를 가져오려고 한다. 우리들 대부분에게 그것은 돈이 아니다 — 특히 요즈음은 — 우리의 재능, 시간, 결정, 신체, 그리고 가장 가치 있는 자산인 에너지와 같은 것이다.

구문 분석

(When people think [of the word philanthropist]), they're apt to picture a grand lady [in pearls] (writing out checks) [with a lot of zeros]. (But) the root meaning [of philanthropy] / is much more universal and accessible. (In other words,) it / doesn't mean "writing big checks." (Rather,) a philanthropist / tries to make a difference [with whatever riches] he or she possesses. [For most of us,] it's not money (— especially these days —) but things [like our talents, our time, our decisions, our body, and our energy / that are our most valuable assets].

## 030   정답 ②

정답 해설   ② 문장의 주어는 toys(복수)이고 동사는 "has (recently) discarded"(단수)이다. (# 뒤의 children wanted all year long은 ㉯/㉰㉱구조의 수식어구) 따라서, 동사를 복수 형태로 고친다. 또한 장난감은 "버리는 것"이 아니라 "버려지는 것"이므로 동사를 수동의 형태로 바꿔야 한다.

(has (recently) discarded → have (recently) been discarded) ▪ 2022 지방직 9급 📖 POINT 123 /POINT 041 /POINT 064

오답 해설   ① • 명사 nothing 뒤에 p.p.가 쓰여 후치수식되었다. p.p.는 수동으로 "남겨진"의 의미가 되므로 올바르다.

• 대명사 목적어 that 뒤에 which가 쓰여 관계대명사가 되었다. 관계대명사 뒤에는 항상 불완전한 문장을 쓰는데, 뒤에 주어가 빠진 불완전한 문장으로 올바르게 쓰였다. ▪ 2022 서울시 기술직 9급 📖 POINT 073 /POINT 116

③ ⅰ) 명사 someone 뒤에 who가 쓰여 관계대명사가 되었다. 관계대명사 뒤에 주어가 빠진 불완전한 문장이 쓰인 것은 옳다.

ⅱ) 동사 is (단수)의 수일치는 앞선(선행) 명사 someone(단수)와 수일치하므로 올바르게 쓰였다. ▪ 2022 지방직 9급

📖 POINT 116 /POINT 039

④ • "ⓑ 때문에 ⓐ를 비난하다/고발하다"의 의미로 accuse ⓐ of ⓑ를 올바르게 썼다. 📖 POINT 005 (감각동사 포인트)
• 감각동사 smell 뒤에 형용사를 보어로 올바르게 썼다. ▪ 2022 서울시 기술직 9급

**구문분석**

① ⟨With nothing / left⟩, she / would have to cling to that / [which had robbed her].
　　　　　　　　p.p.　　　　　　 V　　　　　　　 O　 관대　　ⓥ　　　 ⓞ

② Toys / (children wanted) ⟨all year long⟩ / have recently been discarded.
　 S　　 Ⓢ　　　 Ⓥ　　　　 부사　　　　　　　V　　　　　 C

③ She / is someone / [who is always ready / to lend a helping hand].
　 S　 V　　C　　　　관대　ⓥ　　　 C　　 (부사) : be ready to Ⓡ

④ Will you / accuse a lady ⟨to her face⟩ of smelling bad?
　 조　주　　동　　　　전　　명　　　　　　accuse ⓐ of ⓑ

## 031 정답 ④

**정답 해설**

④ locate는 타동사로, 뒤에 목적어를 수반해야 한다. 이 문장은 문맥상 화산이 무언가를 '위치시킨(능동)' 것이 아니고, '위치된(수동)' 것이므로, 수동태인 is located로 고치는 것이 올바르다.
(locates → is located) ▪ 2018 지방직 7급 📖 POINT 018

**오답 해설**

① POINT 1 명사 words 뒤에 p.p.가 쓰여 후치 수식하는 구조이다. 후치 수식에서 p.p.는 수동이므로, 뒤에 목적어 없이 쓴 것은 올바르다.
　 POINT 2 전치사 in 뒤에 -ing 형태를 쓴 것은 올바르다.
　 POINT 3 '~하게 만들다'를 의미하는 동사 set 뒤에 'ⓐ + ⓜ'의 형태가 와서 4형식으로 올바르게 쓰였다. ▪ 2017 국가직 9급
　 📖 POINT 073 (포인트1)

② 전치사 from 뒤에 소유격 관계대명사와 명사 balcony가 함께 쓰인 구조이다. 따라서 이를 관계부사 취급하여 뒤에 완전한 문장을 써야 한다. we could look down at the town에서 부사 down을 배제하고 보면, 'we(주어) could look at(동사) the town(목적어)'의 완전한 3형식 문장임을 알 수 있다. ▪ 2017 국가직 9급 📖 POINT 117

③ ⅰ) 명사 "what"은 그 앞뒤로 불완전한 문장을 쓴다. 즉, 뒤의 문장을 항상 불완전하게 쓰며, 앞선 부분에 (선행)명사를 따로 두지 않는다. 뒤의 문장에서 타동사 say 뒤에 목적어가 없고, 앞선 부분에서 역시 타동사 believe 뒤에 목적어가 없으므로, 양쪽으로 불완전한 문장이 쓰였다. 올바른 표현.
　 ⅱ) 부사 easily가 동사 believe를 올바르게 수식하고 있다. ▪ 2022 국가직 9급 📖 POINT 119 / POINT 107

**해석** ① 스쳐 지나가는 몇 마디 말이 나를 생각에 잠기게 했다.
② 우리는 그 호텔로 운전해서 갔는데, 그 호텔의 발코니에서 우리는 마을을 내려다 볼 수 있었다.
③ 비용은 차치하고 그 계획은 훌륭한 것이었다.
④ 그 화산은 많은 사람들이 캠핑을 하고 등산하기 위해서 오는 Gulf National Park 중심에 위치하고 있다.

> **구문분석**
> 
> ① A few words / caught [in passing] / set me thinking.
>    S              p.p.              V   O   C
> 
> ② We / drove (on) [to the hotel], [from whose balcony] we could look (down) at the town.
>    S    V                                                S    V         부사        O
> 
> ③ She / (easily) believes / what others say.
>    S    부사      V        관대  S     V
> 
> ④ The volcano / is located [in the center] [of Gulf National Park], (where many people / come
>    S            V   C                                                 관·부    S           V
>    to camp and climb).

## 032  정답 ④

**정답 해설**
④ 'A를 B라고 지칭하다'를 의미하는 표현 refer to A as B는 타동사로, A는 목적어 자리이다. 해당 문장에는 A가 빠져 있으므로 수동태로 쓴 것은 옳다. ▣ POINT 064

**오답 해설**
① 준사역동사 help 뒤에 목적어를 생략하고 뒤에 [®/to ®]를 쓰며, -ing 형태는 쓸 수 없다. 따라서 explaining을 (to) explain으로 고치는 것이 옳다.
(explaining → to explain) ▣ POINT 108

② what 앞에 쓰인 하이픈(–) 사이의 삽입구를 배제시키고 보면, what은 앞선 명사 stories에 걸린 관계대명사임을 알 수 있다. 관계대명사 what "–것"으로 해석하며 앞에 명사(선행사)를 쓸 수 없다. 하지만 앞선 명사 stories가 있으므로 what은 쓸 수 없으며 뒤에 주어가 빠진 불완전한 구조의 문장이 쓰였으므로 관계대명사 that으로 고치는 것이 옳다.
(what → that) ▣ POINT 024

③ "~에 따라서"를 의미하는 웹으로 뒤에 S + V 구조의 문장을 써야 한다. 하지만 뒤에 웹인 "this definition"만 있으므로 웹을 쓸 수 없으며, 같은 의미의 웹인 According to로 고치는 것이 옳다.
(According as → According to) ▣ POINT 121

**해석** 신화는 하나의 문화의 종교적, 철학적, 도덕적, 정치적 가치들을 구체화하는 — 몇몇의 경우에 설명하는 것을 도와주는 — 이야기이다. 신들과 초자연적인 존재들에 대한 이야기를 통해, 신화는 자연 세계에서 일어나는 일들을 이해하려고 노력한다. 일반적인 관습과는 달리, 신화는 "거짓말"을 의미하지는 않는다. 가장 넓은 의미에서, 신화는 사실일 수도 있고 부분적으로 거짓일 수도 있는 이야기 — 보통 이야기의 전체 그룹 — 이지만, 신화는 종종 문화의 가장 깊은 믿음을 표현한다. 이 정의에 따르면 일리아드와 오디세이, 코란, 구약과 신약 모두 신화라고 할 수 있다.

> **구문 분석**
>
> A myth / is a narrative / that embodies (— and in some cases helps to explain —) the religious, philosophical, moral, and political values [of a culture]. [Through tales] [of gods and supernatural beings,] myths / try to make sense [of occurrences] [in the natural world]. [Contrary to popular usage,] myth / does not mean "falsehood." [In the broadest sense,] myths / are stories (— (usually) whole groups of stories —) / that can be true or (partly) true as well as false; [regardless of their degree] [of accuracy], (however,) myths (frequently) / express the deepest beliefs [of a culture]. [According to this definition,] the Iliad and the Odyssey, the Koran, and the Old and New Testaments / can (all) be referred to [as myths].

## 033  정답 ④

**정답 해설**

④ 이 문장에서 shy of는 '부족한, 모자라는' 정도를 의미하여 주어진 우리말과 정반대의 문장이 된다. (shy of → past) ▪ 2019 국가직 9급 [숙어 표현]

**오답 해설**

① **POINT 1** 이 문장에는 '명 / 주동' 구조가 쓰였다. 이러한 경우에는 일반명사 뒤의 '목적격 관계대명사의 생략'으로 보고 불완전한 문장을 쓰거나, 장소·방법·시간·이유 등 부사적 성질을 가지는 명사 뒤의 '관계부사의 생략'으로 보고 완전한 문장을 쓸 수 있다. 이 문장은 앞선 명사가 the new teacher(일반명사)이므로 '목적격 관계대명사의 생략'으로 봐야 한다. 전치사 about 뒤에 목적어가 빠진 불완전한 문장이 왔으므로 이는 올바른 표현이다.

**POINT 2** 주절의 동사는 is(단수)이고, 주어는 앞선 The new teacher(I told you about)(단수)이다. 즉, 수 일치가 올바르게 된 문장이다. ▪ 2019 국가직 9급 📖 POINT 123

② **POINT 1** 명령문의 형태로 (please) ®로 문장을 시작한 것은 옳다.

**POINT 2** 사역동사 let 뒤에 목적어를 쓰고 목적격 보어 자리에 능동의 형태인 ®을 쓴 것은 옳다. ▪ 2021 지방직 9급
📖 POINT 024

③ **POINT 1** 사역동사 had 뒤에 목적격 보어로 능동의 형태인 ®을 올바르게 썼다.

**POINT 2** 등위 접속사 and를 중심으로 같은 형태의 ®을 "phone/ask"를 나열한 것은 옳다.

**POINT 2** ask가 "요청하다"의 의미로 쓰이면 뒤의 목적격 보어 자리에 to ®을 쓴다. 올바른 표현이다. ▪ 2021 지방직 9급
📖 POINT 024 /POINT 002 /POINT 015

**구문 분석**

① 제가 당신께 말씀드렸던 새로운 선생님은 원래 페루 출신입니다.
→ The new teacher / I told you about / is (originally) [from Peru].

② 가능한 한 빨리 제가 결과를 알도록 해 주세요.
→ [Please] let me know the result [as soon as possible].
= as soon as I can

③ 그는 학생들에게 모르는 사람들에게 전화를 걸어 성금을 기부할 것을 부탁하도록 시켰다.
→ He / had the students phone strangers and ask them to donate money.

④ 나는 긴급한 일로 자정이 5분이나 지난 후 그에게 전화했다.
→ I / called him (five minutes past midnight) [on an urgent matter].

## 034 정답 ③

**정답 해설**
③ 동사 injure는 '~에게 부상을 입히다(= wound/hurt)'를 의미하는 타동사이다. 앞선 부사 non-fatally를 배제하고 보면 be동사 are가 있으므로, be -ing(능동/진행 시제)인지 be p.p.(수동)인지를 묻는 부분이다. 타동사 injure 뒤에 목적어가 없고, 문맥상 수백만 명의 보행자가 '(누군가를) 부상 입히는(능동)' 것이 아니라, '부상 당하는(수동)' 것이므로 p.p. 형태로 쓴 것은 옳다. ▣ POINT 062

**오답 해설**
① leave는 '~를 떠나다'의 의미로 쓰일 경우 뒤에 전치사 from을 쓰지 않고 목적어를 직접 쓴다.
(from → ø) ▣ POINT 022

② POINT 1 2형식 동사인 be동사 뒤에는 형용사를 보어로 써야 하는데 부사 형태인 highly를 쓴 것은 틀렸다.
POINT 2 '비율'을 의미하는 proportion은 '높다/낮다(high/low)'로 표현하므로, "꽤"를 의미하는 highly를 쓴 것은 옳지 않고, "높은"을 의미하는 형/부인 high로 고치는 것이 옳다.
(highly → high) ▣ POINT 005 / POINT 110

④ 문장과 문장을 연결하는 자리에 부사 'some'과 일반대명사 'them'이 쓰였다. 따라서 그 사이에 일반대명사 'them'을 접속사의 기능이 있는 관계대명사 'whom'으로 고치는 것이 옳다.
(them → whom) ▣ POINT 122

**해석** 매년, 27만 명 이상의 보행자들이 전 세계의 도로에서 목숨을 잃는다. 많은 사람들은 여느 날과 같이 집을 나섰다가 다시 돌아가지 못한다. 전 세계적으로 보행자는 모든 교통 사망자의 22%를 차지하며, 일부 국가에서는 이 비율이 전체 교통 사망자의 3분의 2에 달한다. 몇 만 명의 보행자는 생명에 지장이 가지 않는 부상을 입는다. 그들 중 일부는 영구적인 장애를 가지게 된다. 이러한 사건들은 경제적 어려움뿐만 아니라 많은 고통과 슬픔을 야기한다.

구문분석

Each year, / more than 270,000 pedestrians / lose their lives (on the world's roads). Many / leave their homes (as they would) (on any given day) / never to return. (Globally,) pedestrians / constitute 22% [of all road traffic fatalities], and [in some countries] this proportion / is as high as two thirds [of all road traffic deaths]. Millions of pedestrians / are (non-fatally) injured — some (of whom) / are left (with permanent disabilities). These incidents / cause much suffering and grief as well as economic hardship.

## 035  정답 ③

**정답해설**
③ 사역동사 had 뒤에서 ®은 능동을, p.p.는 수동을 나타낸다. '여성이 체포되는 것'이므로 수동의 형태인 p.p.를 쓴다. (arrest → arrested) ▪ 2021 지방직 9급  POINT 024

**오답해설**
① POINT 1 관계대명사 what이 쓰여 뒤에 주어가 빠진 불완전한 문장이 이어졌으므로 올바른 표현이다.
   POINT 2 관계대명사 what은 단수 취급하므로, 뒤의 동사 was는 올바르게 쓰였다. ▪ 2019 국가직 9급  POINT 119
② POINT 1 '~에 도달하다'를 의미하는 동사 reach는 타동사로, 뒤에 전치사 없이 목적어를 바로 써야 한다. 이 문장은 reached 뒤에 목적어 the mountain summit가 올바르게 쓰였다.
   POINT 2 '~짜리/~살 먹은'을 의미할 때, 하이픈(-) 사이의 명사는 형용사 자리에 위치한 것이므로 단수 형태로 쓴다. ▪ 2019 국가직 9급  POINT 007 /POINT 048
④ 사역동사 let 뒤에서 수동을 의미하는 be+p.p.로 쓴다. 올바른 표현. ▪ 2021 지방직 9급  POINT 024

**구문분석**
① 상어로 보이는 것이 산호 뒤에 숨어 있었다.
   → (What appeared to be a shark) / was lurking [behind the coral reef].
② 그녀는 일요일에 16세의 친구와 함께 산 정상에 올랐다.
   → She / reached the mountain summit [with her 16-year-old friend] [on Sunday].
③ 경찰 당국은 자신의 이웃을 공격했기 때문에 그 여성을 체포하도록 했다.
   → The police authorities / had the woman arrested [for attacking her neighbor].
④ 네가 내는 소음 때문에 내 집중력을 잃게 하지 말아라.
   → Don't let me be distracted [by the noise (you make)].

## 036 정답 ④

**정답 해설**
④ 동사 are에 대한 주어는 "the lack", 즉 단수이다. 따라서 동사 또한 이와 수 일치하여 is로 고치는 것이 옳다. (are → is) 📖 POINT 041

**오답 해설**
① in which는 "전 + 관계대명사"로 뒤에 완전한 구조의 문장이 와야 한다. in which 뒤에 2형식 구조의 문장이 쓰였으므로 in which를 쓴 것은 옳다.

we are driven
S  V  C  📖 POINT 116

② 앞선 「, and」를 고려하면 3개 이상의 나열 구조임을 알 수 있다. 따라서 "familiar(형)", "routine(형)"과 같은 형인 predictable을 쓴 것은 옳다. 📖 POINT 002

③ one of 뒤에는 복수명을 쓴다. 따라서 reasons을 복수 형태로 쓴 것은 옳다. 📖 POINT 042

**해석** 호기심은 우리가 이미 알고 있는 것을 넘어서서 참신한 것, 새로운 것, 그리고 탐구되지 않은 것을 추구하도록 내몰리는 마음의 상태를 말한다. 뇌의 호기심 회로가 규칙적으로 활성화되지 않는다면, 우리는 지나치게 친숙하고, 일상적이며, 예측할 수 있는 것에 미묘하게 안주할 수도 있다. 이런 것들은 나쁜 것은 아니지만 지나치게 예측 가능한 삶은 정체로 이어질 수 있다. 사실, 이것이 많은 사람들이 그들의 은퇴 초기에 고군분투하는 이유들 중 하나일 것이다. 일의 스트레스를 떠난다면 좋을 수 있지만, 도전, 자극이나 참신함의 부족은 때때로 지불해야 할 높은 대가가 되기도 한다.

**구문 분석**
Curiosity / is the state [of mind] / in which we / are driven (to go beyond what we already know) and (to seek what is novel, new, and unexplored). [Without regular activation] [of the brain's curiosity circuits], we / can (subtly) settle into (what is overly familiar, routine, and predictable). These / are not bad things, but excessively predictable lives / can lead to stagnation. (Indeed,) this may be one of the reasons (so many people struggle) (early) [in their retirement]. ⟨While it can be nice (to leave the stress) [of work behind]⟩, the lack [of challenge, stimulation, or novelty] / is (sometimes) a high price (to pay).

## 037 정답 ②

**정답 해설**
② "꽤 ~다/ 그래서 ~다"의 의미인 such ~ that 구문은 그 사이에 명사를 반드시 쓰며 어순은 a 형 명으로 쓴다. 사이에 명사 meteor storm을 쓴 것은 올바르며, a beautiful meteor storm의 어순으로 쓴 것은 옳다. ▪ 2021 국가직 9급
📖 POINT 106

**오답 해설**
① 난이 형용사 difficult 앞에 '사람'이 의미상의 주어로 쓰였다. 그런데 난이 형용사는 '사람'을 주어로 쓸 수 없으므로, '가목적어 – 진목적어' 형태로 고친다. it을 scientist 자리에 쓰고 scientist를 for 목의 형태로 쓴다.

(made scientists difficult → made it difficult for scientists) ▪ 2017 국가직 9급  POINT 079

③ 전치사 upon 뒤에는 ⑲/-ing의 형태를 쓴다. 따라서, p.p.의 형태인 arrived를 arriving/arrival로 고친다.
(arrived → arriving/arrival) ▪ 2021 지방직 9급  POINT 108

④ 충분한(⑲)/충분하게(⑳)의 의미인 enough는 부사로 쓰이면 형용사/부사의 위치를 그 앞에 둔다.
(enough comfortable → comfortable enough) ▪ 2021 지방직 9급  POINT 110

**해석**
① 두 가지 요소가 과학자들이 지구상의 종의 수를 알아내기 어렵게 만들어 왔다.
② 그것은 너무나 아름다운 유성 폭풍이어서 우리는 밤새 그것을 보았다.
③ 도착하자마자, 그는 새로운 환경을 충분히 이용했다.
④ 그는 그가 하고 싶었던 것을 내게 말할 정도로 충분하게 편안한 느낌을 받았다.

**구문분석**
① Two factors / have made it difficult for scientists (to determine the number / of species on Earth).
② It / was such a beautiful meteor storm that we / watched it [all night].
    너무 ~해서 ~하다
③ [Upon arriving], he / took full advantage of the new environment.
                                                            관·대 생략
④ He / felt comfortable enough / to tell me about something / (he wanted to do).
         ⑲ enough to - V            ⑳         S     V

## 038  ④

 ④ '~도 그렇다'의 의미이다. 앞선 문장이 『긍정문』이므로, so를 쓴 것은 올바르고(부정문은 neither) 앞선 동사가 일반동사(loved)이므로, 일반 동사의 대동사인 do(과거 did)를 쓴 것은 옳다. ▪ 2021 국가직 9급  POINT 103

① such ⑲과 so ⑳의 차이를 묻는 문제이다. 부사 so는 뒤에 명사를 쓸 때, [⑲ a ⑲]의 어순으로 쓰고, "관사 a를 쓰지 않는 경우", 즉 "복수 형태나 불가산 명사"인 경우 [so ⑲⑳]를 쓸 수 없다. so가 명사를 수식하는 경우는 뒤에 「수량 형용사」 many 등과 함께 쓰인 경우에 한정된다. so를 such로 고친다.
(so → such) ▪ 2020 경찰 1차  POINT 106

② rise는 자동사로 '오르다/떠오르다'의 의미이다. 뒤에 목적어(my salary)가 있으므로, 타동사인 raise로 쓴다. 'raise(올리다/기르다/양육하다/모금하다)'
(rise → raise) ▪ 2021 국가직 9급  POINT 017

③ the most는 최상급이며, easiest 역시 -est로 쓰인 최상급의 표현이다. 의미 중복이므로, most를 지운다.
(the most easiest → the easiest) ▪ 2020 경찰 1차  POINT 081

> **구문분석**
>
> ① 그들은 참 친절한 사람들이야!
>   → They / 're such kind people!
>      S    V      C
>
> ② 그는 내가 일을 열심히 했기 때문에 월급을 올려 주겠다고 말했다.
>   → He / said / he / would raise my salary because I / worked [hard].
>      S    V   (that)        V        O          S      V
>
> ③ 가장 쉬운 해결책은 아무 일도 하지 않는 것이다.
>   → The easiest solution / is / to do nothing.
>              S             V         C
>
> ④ Cindy는 피아노 치는 것을 매우 좋아했고, 그녀의 아들도 그랬다.
>   → Cindy / loved / playing the piano, and so did her son.
>       S       V      O(동명사구)      ~도 그래  V
>                                        (도치)

## 039  정답 ④

**정답해설**
④ "occur"은 자동사로 수동태 불가 동사이다. 따라서 수동태인 are occurred를 occur로 고치는 것이 옳다.
  (are occurred → occur) 📖 POINT 063

**오답해설**
① 해당 선택지는 동사로 문장의 주어인 "Korean script"이 발명"된" 것이므로 수동태로 쓴 것이 옳다. 📖 POINT 062
② 등위접속사 and를 중심으로 양쪽이 똑같은 '⑱ and ⑱'의 형태로 쓰였다. 📖 POINT 002
③ them이 지칭하는 것은 "Chinese characters", 즉 복수이므로 이를 받아 복수 형태인 them으로 쓴 것이 옳다.
📖 POINT 054

**해석** 15세기에, 한국의 문자(훈민정음)가 발명되었다. 언어학자들은 그것이 엄청 정교하고 명확한 방법으로 언어의 소리를 상징한다는 것에 찬사를 보낸다. 한글이라고 불리는 이 스크립트는 한자와 함께 사용될 수 있으나, 모두 한글로 대체할 수도 있다. 천천히 한글은 대체했다. 북한에서는 한글만 사용되며, 한국에서는 한자가 여전히 특정 상황에 쓰인다.

> **구문분석**
>
> (In the fifteenth century,) an alphasyllabic Korean script / was invented. Linguists / admire it
>                                     S                         V     C        S          V    O
> (as it / symbolizes the speech sounds) [in a sophisticated and (very) elegant way]. The script(,
>   S  V        O                                    ⑱         등위       ⑱              S
> called Hangul,) / (can be) used [in tandem] [with the Chinese characters] but can (also) replace
>   p.p.             V    C                                                                  V
> them (altogether). (Slowly,) Hangul / has taken over. (In North Korea,) (only) Hangul / is
>  O                              S          V                                      S      V
> used, (while in South Korea,) Chinese characters / (still) occur [in particular contexts].
>  C                                    S                      V

## 040 정답 ④

**정답해설**

④ "금지" 동사인 prohibit은 항상 Ⓐ from Ⓑ -ing를 쓴다. -ing의 형태로 쓴 것은 옳다. 다만, promote는 "승진시키다"의 의미의 "타동사"이다. 따라서 뒤에 목적어가 있어야 하는데 없고, 내용상 "그들"(them)이 "(누군가를) 승진을 시키는 것"(능동)이 아니라, "승진되는 것"이므로, 수동의 형태인 being promoted를 쓴다. (promoting → being promoted) ▪ 2020 국가직 9급  POINT 009

**오답해설**

① "적응하다/적응시키다"의 의미로 쓰는 동사 adapt를 중심으로 주어와 목적어가 같은 말(human beings = themselves)이 나왔다. 주어와 목적어가 같은 말인 경우 재귀대명사(-self)를 쓰므로 올바르게 잘 쓰인 표현이다.

▪ 2020 국가직 9급 [재귀대명사 목적어]

② 난이형용사 hard 앞에 주어가 사람/사물로 쓰였으므로 뒤의 to Ⓡ에는 목적어를 생략한다. 올바른 표현이다. ▪ 2021 지방직 9급  POINT 079

**TIP**

난이 형용사의 쓰임은 다음과 같다.

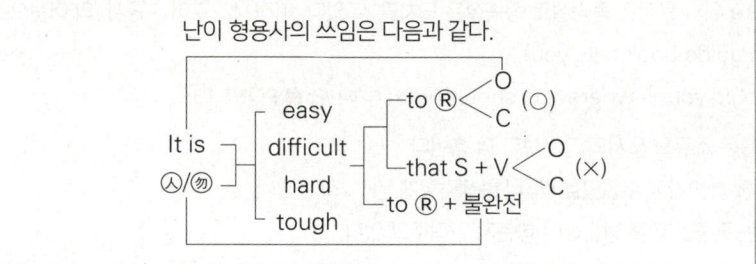

③ "매 ~마다"의 의미로 every + 기수 + 명사(복수) 형태를 쓴 것은 옳다. ▪ 2021 지방직 9급  POINT 049

cf) every + 서수 + 단수명사

**구문분석**

① 인간은 환경에 자신을 빨리 적응시킨다.
→ <u>Human beings</u> (quickly) / <u>adapt themselves</u> [to the environment].
　　　S　　　　　　　　　　　재귀대명사　V　　O

② 그의 소설들은 읽기가 어렵다.
→ <u>His novels</u> / <u>are</u> <u>hard</u> [to read].
　　　S　　　　V　　C　부사적 용법: ~하기에

③ 나의 집은 5년마다 페인트칠된다.
→ <u>My house</u> / <u>is painted</u> [every five years].
　　　S　　　　　V

④ 그 회사는 그가 부회장으로 승진하는 것을 금했다.
→ <u>The company</u> / <u>prohibited</u> him from being promoted [to vice-president].
　　　S　　　　　　V　　　　Ⓐ　　Ⓑ-ing
　　　　　　　　　　　　　→ prohibit Ⓐ from Ⓑ-ing

## 041 정답 ④

**정답해설**
④ 주어진 문장의 동사는 have lived로 『현재 완료 시제』이다. 『현재완료 시제』와 '시발점'을 나타내는 「since」는 올바르게 어울려 쓰였고, 이때 since 절의 「주어 + 동사」는 항상 「과거시제」로 쓴다. 과거 형태인 started를 쓴 것은 옳다. 올바른 문장이다. ▪ 2021 국가직 9급　POINT 015

**오답해설**
① 대명사가 제시되면 반드시 수를 확인한다. that은 대명사로 앞선 the traffic(단수)을 받는다. 단수 형태인 that을 쓰는 것이 옳다.
(those → that) ▪ 2020 국가직 9급　POINT 055

② 「시간·조건의 부사절」에서는 현재(완료)가 미래(완료)를 대신한다. 미래진행 시제인 will be lying을 am lying / lie 등으로 고친다.
(will be lying → am lying / lie) ▪ 2020 국가직 9급　POINT 054

③ 접속사 where 뒤의 문장은 종속절로 종속절은 도치할 수 없다. 따라서, 「주어 – 동사」의 어순으로 『정치』시킨다(주절은 앞선 This guide book tells you).
(where should you → where you should) ▪ 2021 국가직 9급　POINT 056

**해석**
① 대도시의 교통은 소규모 도시의 그것보다 더 붐빈다.
② 내가 다음 주에 해변가에 누워있을 때, 너를 생각할게.
③ 이 안내서에는 홍콩 어디를 방문해야 하는지 알려주고 있다.
④ 나는 대만에서 태어났지만, 일을 시작한 이후로 한국에서 살아왔다.

**구문분석**
① The traffic [of a big city] / is busier than (that of a small city).
② I'll think of you / (when I lie [on the beach next week]).
③ This guide book / tells you where you should visit [in Hong Kong].
④ I / was born [in Taiwan], but I / have lived [in Korea] / (since I started work).

## 042 정답 ④

**정답해설**
④ "-하는 동안"의 while은 접으로 뒤에 주어-동사의 문장을 쓰고, during은 전으로 뒤에 명을 써야 한다. 주어진 문장에서 while 뒤에 the exercises의 명이 쓰였으므로 while을 같은 의미의 전인 during으로 고치는 것이 옳다.
(while → during)　POINT 108

**오답해설**
① ask가 "요구하다"로 쓰인 경우이다. "명에게 to ⓡ 하라고 요구하다" 표현인 ask 명 to ⓡ가 옳게 쓰였다.
POINT 015

② 접속사 while 뒤에 -ing의 형태가 쓰여 분사구문이 되었다. 분사구문에서는 「태/주어/시간」을 확인해야 한다.

> **POINT 1** 분사구문에서, -ing는 능동으로 뒤에 a weighted backpack이 ⓞ으로 올바르게 쓰였다.
>
> **POINT 2** While과 carrying 사이에 주어가 없으므로, 주절의 주어인 college students가 주어이다. 따라서, 주어 college students가 '무거운 배낭을 멘다'는 것은 자연스럽다. 📖 POINT 077

③ whom은 관계대명사 목적격으로 뒤에 목적어가 빠져 있는 문장이 와야 한다. 뒤의 문장은 had known에 대한 ⓞ이 없으므로 whom을 쓴 것은 옳다. 📖 POINT 116

**해석** 버지니아 대학의 사회 심리학자들은 대학생들에게 무거운 배낭을 메고 언덕의 밑바닥에 서 있으면서 언덕의 가파른 경사를 추정하라고 했다. 어떤 참가자들은 오랫동안 알고 지내던 친한 친구들 옆에 서 있었고, 어떤 참가자들은 오랫동안 알지 못했던 친구들 옆에 서 있었고, 어떤 참가자들은 낯선 사람들 옆에 서 있었고, 다른 참가자들은 실험하는 동안 혼자 서 있었다. 친한 친구와 함께 서 있던 참가자들은 혼자, 낯선 사람 옆, 또는 새로 사귄 친구 옆에 서 있던 사람들보다 언덕의 가파른 정도에 대한 추정치를 현저히 낮게 측정했다.

**구문분석**

Social psychologists [at the University] [of Virginia] / asked college students to stand [at the base] [of a hill] [while carrying a weighted backpack] and estimate the steepness [of the hill]. [Some participants / stood next to close friends [whom they / had known for a long time]], [some stood next to friends / they had not known (for long)], some / [stood next to strangers], and [the others stood (alone)] [during the exercise]. The participants / (who stood with close friends) / gave (significantly) lower estimates [of the steepness] [of the hill] than those (who stood alone, next to strangers, or next to (newly) formed friends).

## 043  정답 ②

**정답해설**

② **POINT 1** '말할 것도 없이', '두말하면 잔소리지만'의 의미로 'needless to say'를 삽입구로 쓴 것은 옳다.

**POINT 2** 등위 접속사 and를 중심으로 과거동사 두 개(attempted/had)를 나열한 것은 옳다. ▪ 2021 지방직 9급
📖 POINT 002 (나열)

**오답해설**

① 2형식의 동사 become 뒤에는 보어를 쓴다(형용사/명사). 부사는 보어가 될 수 없으므로 부사 unpredictably를 형용사 형태인 unpredictable로 고친다.
(unpredictably → unpredictable) ▪ 2021 지방직 9급 📖 POINT 004

③ '꽤 ~다/ 그래서 ~다'의 의미인 「so ~ that」 구문 사이에 감정동사의 p.p.가 쓰여 앞선 was의 보어로 쓰였다. 감정동사의 p.p.는 『수동』으로 '감정을 느끼는'의 의미인데, 앞선 주어가 The novel(사물)이다. 사물은 감정을 느낄 수 없으므로 '감정을 느끼게 하는'의 의미인 -ing(능동)로 고친다.
(excited → exciting) ▪ 2021 국가직 9급 📖 POINT 075 / POINT 106

④ '그치?'의 의미인 『부가의문문』에서는 앞선 문장의 "조동사"(동사)를 그대로 쓴다. 앞선 문장이 it's(it is)이므로, be 동사를 그대로 쓴다. (do는 일반동사의 경우에 씀.)

(doesn't it → is it) ▪ 2021 국가직 9급 📖 POINT 104

**해석**
① 내 상냥한 딸이 갑자기 예측 불가가 되었다.
② 그녀는 새로운 방법을 시도해보았고, 두말할 것도 없이 다른 결과를 얻었다.
③ 소설이 너무 흥미로워서 시간 가는 줄 모르고 버스를 놓쳤다.
④ 서점에서 더 이상 신문을 취급하지 않는다는 것은 놀라운 일이 아니지 않은가?

**구문 분석**
① My sweet-natured daughter / [suddenly] became unpredictable.
  S                              V         C
② She / attempted a new method, and [needless to say] / had different results.
  S    V_A            O                                 V_B        O
③ The novel / was so exciting that I / lost track of time and / missed the bus.
  S          V   C          S   V_A              V_B     O
④ It's not surprising / that book stores / don't carry newspapers [any more], is it?
  V  C                  S              V         O                          V S
  — 가주어 – 진주어 —

---

## 044  정답 ①

**정답해설**
① be 동사 뒤에 또 다른 동사 vary(1형식)가 쓰여서 틀렸다. be 동사를 삭제한다.
(be vary → vary) ▪ 2021 지방직 9급 [조동사/be]

**오답해설**
② POINT 1 'in 연도수'의 시간 부사는 단순과거와 쓴다. 올바르게 쓰였다.
   POINT 2 최초의 디지털 '카메라가 (무언가를) 만든 것'이 아니라, "만들어진" 것이므로 수동태(were created)로 쓴 것은 옳다. ▪ 2021 지방직 9급 📖 POINT 055
③ POINT 1 if의 대용어구인 providing이 쓰여서 문장과 문장을 접속하고 있는 구조이다.
   POINT 2 which hotel에서 which는 의문 형용사로 쓰였다. ▪ 2020 경찰 1차 📖 POINT 116
④ 시간을 나타내는 when절이 과거로 쓰였으므로, 이보다 앞선 주절을 대과거로 쓴 것은 옳다. ▪ 2020 경찰 1차 📖 POINT 055

**해석**
① 현금 유동성에 있어서의 소득의 요소는 회사의 환경에 따라 달라진다.
② 최초의 디지털 카메라는 1975년 Eastman Kodak의 Steve Sasson이라는 사람에 의해서 만들어졌다.
③ 방이 깨끗하기만 하면, 어느 호텔에 묵든 상관없다.
④ 비가 많이 오기 시작했을 때, 우리는 이미 약 30분 동안 테니스를 치고 있었다.

**구문분석**

① Elements [of income] [in a cash forecast] / will vary [according to the company's circumstances].

② The world's first digital camera / was created [by Steve Sasson] [at Eastman Kodak] [in 1975].

③ (Providing the room is clean), I don't mind (which hotel) we stay at.

④ We / 'd been playing tennis [for about half an hour] (when it started to rain (heavily)).

---

**045** 정답 ④

**정답 해설**
④ "~한 느낌이 나다/-하게 느끼다" 뜻의 feel은 감각 동사로, 감각 동사는 형용사를 보어로 쓴다. 따라서 부사인 sensibly를 형용사인 sensible로 고치는 것이 옳다.
(sensibly → sensible) 📖 POINT 005

**오답 해설**
① 명사 reader 뒤에서 '~ 하는'을 의미하는 -ing가 후치 수식하는 구조이다. -ing는 능동으로 뒤에 목적어를 써야 한다. repose 뒤에 목적어 some confidence가 있으므로 reposing으로 쓴 것은 옳다. 📖 POINT 073

② "-이지만"이라는 의미의 ㉡ though 뒤에는 S + V 구조의 문장을 써야 하는데 아래와 같은 구조의 문장이 옳게 쓰였다.

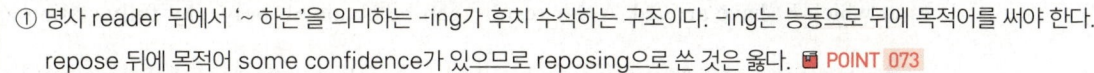

📖 POINT 096

③ '전치사 + 관계대명사(= 관계부사)' at which의 쓰임으로 보아, 뒤에 완전한 문장이 이어져야 한다. 따라서 완전한 수동태 문장인 'I(주어) have arrived(동사)'를 쓴 것은 올바르다. 📖 POINT 116

**해석** 내가 지금 출판하고 있는 이 초록은, 어쩔 수 없이 불완전함에 틀림없다. 나는 여기에서 나의 몇 가지 진술에 대한 참고 문헌과 근거를 제시할 수 없다. 그리고 나는 나의 정확성에 대해 약간의 신뢰를 다시 놓는 것을 독자에게 의지해야만 한다. 내가 항상 좋은 근거만을 신뢰하는 데 신중했기를 바라지만, 의심의 여지없이 오류가 슬금슬금 들어왔을 것이다. 나는 여기에 참고용으로 몇 가지 사실과 함께 내가 도달한 일반적인 결론만 말할 수 있지만, 나는 대부분의 경우 그것으로 충분하기를 바란다. 내 결론의 근거가 된 참고 문헌과 함께 모든 사실들을 상세히 발표해야 할 필요성에 대해 나만큼 의식하고 있는 사람은 없다, 그리고 나는 미래의 작업에서 이것을 하기를 희망한다. 제시될 수 없는 이 책에서는 단 하나의 요점만 논의될 수는 거의 없고, 종종 내가 도달한 것과 정반대의 결론으로 이어지는 경우가 많다는 것을 나는 잘 알고 있다. 공정한 결과는 각 질문의 양쪽에서 사실과 주장을 충분히 진술하고 균형을 맞춰야만 얻을 수 있으며, 이것은 여기에서 이루어질 수 없다.

구문분석

This Abstract(, which I (now) publish), / must necessarily be imperfect. I / cannot (here) give references and authorities [for my several statements]; and I / must trust to the reader / reposing some confidence [in my accuracy]. No doubt errors / will have crept in, though I / hope, /I have (always) been cautious [in trusting to good authorities (alone)]. I / can (here) give (only) the general conclusions (at which I / have arrived), with a few facts [in illustration]), but which(, I hope,) [in most cases] will suffice. No one / can feel more sensible than I / do [of the necessity] [of (hereafter) publishing] (in detail all the facts, with references), on which my conclusions / / have been grounded; and I / hope [in a future work] to do this. For I am (well) aware that (scarcely) a single point is discussed [in this volume] on which facts / cannot be adduced, (often) (apparently) leading to conclusions (directly) opposite [to those] at which I / have arrived. A fair result / can be obtained (only) [by fully stating and balancing the facts and arguments] [on both sides] [of each question;] and this / cannot (possibly) be (here) done.

## 046 정답 ③

**정답해설**

③ **POINT 1** 주어진 문장의 동사는 was이고 주어는 맨앞 most이다. most는 부분을 나타내는 말로써, 뒤의 명사의 수를 따라간다. 뒤의 명사 suggestions가 복수이므로, 복수동사를 쓴다.
(was → were)

**POINT 2** 명사 suggestions 뒤의 made는 p.p.가 후치 수식하는 구조로, 뒤에 목적어가 없고, 내용상 "제안들이 (무언가를) 만드는 것이 아니라"(능동), "제안들이 만들어진 것"(수동)이므로 p.p.의 형태로 쓴 것은 옳다.

■ 2020 경찰 1차  POINT 052 / POINT 073

**오답해설**

① **POINT 1** 명사 fire 뒤에 -ing가 쓰여 후치 수식구조가 되었다. 후치 수식구조에서는 -ing(능동)/p.p.(수동)의 차이를 주로 묻는데, 뒤에 목적어 earthquake가 있으므로, 능동의 형태인 -ing를 쓴 것은 옳다.

**POINT 2** [of + 추상명사]는 형용사로 쓴다. 2형식인 be 동사의 뒤에 of interest를 형용사 보어로 쓴 것은 옳다.

■ 2021 지방직 9급 POINT 073 / POINT 031

② should have p.p.는 "~했었어야 했는데…"의 의미로 과거의 후회를 나타낸다. "많이 먹지 말았어야 한다"는 의미로 should not have p.p.를 쓴 것은 옳다. ■ 2020 경찰 1차 POINT 027

④ consider 동사는 5형식으로 쓸 때, 옥 + to ⓡ의 형태로 쓴다.
여기서 목적어는 앞으로 이동, 수동태의 문장을 만들 수 있는데, 이때, to ⓡ은 그대로 쓴다.
동사 were considered가 수동태이고, 뒤에 목적격 보어 to be가 쓰인 것은 옳다. ▪ 2021 지방직 9급　POINT 064

**해석**
① 지진 뒤에 이어지는 화재가 보험업계에는 특별 관심사이다.
② 몸이 안 좋아. 그렇게 많이 먹지 말았어야 했어.
③ 회의에서 나온 제안들은 대부분 실용적이지 못했다.
④ 워드프로세서가 과거에는 타이피스트(타자수)들에게는 최고의 도구로 간주되었다.

**구문분석**

① Fire / (following an earthquake) / is of special interest [to the insurance industry].
　　S　　　-ing 후치수식　　　　　　 V　C(of + 추상명사 = 형용사)

② I'm feeling sick. I / shouldn't have eaten so much.
　S V　　　C　 S　　　　V　　　　　　O
　　　　　　　　　　→ shoud not have p.p.: ~하지 말았어야 했는데…

③ [Most of the suggestions] / (made at the meeting) / were not (very) practical.
　　　　S　　　　　　 　p.p. 후치수식　　　　　 V　　　　　　C

④ Word processurs / were considered to be the ultimate tool ⟨for a typist⟩ ⟨in the past⟩.
　　　S　　　　　 V　　　　　C　　　　　O.C　　　　 전 명　　 전 명

## 047　정답 ②

**정답해설**
② 2형식 동사 become은 형을 보어로 쓴다. 따라서 부인 comfortably를 형인 comfortable로 고치는 것이 옳다.
(comfortably → comfortable) POINT 005

**오답해설**
① 비교접속사 than 앞에는 반드시 비교표현이 있어야 한다. 따라서 more serious를 쓴 것은 옳다. POINT 081
③ POINT 1　to stay는 난이 형용사 easy의 '가주어 – 진주어' 형태에서 진주어(to ⓡ)로 옳게 쓰였다.
　　POINT 2　easy를 '더 ~한'을 의미하는 비교급 표현 easier로 썼다. POINT 079
④ 비교접속사 than을 중심으로 양쪽 모양은 똑같아야 한다. 앞서 '가주어 – 진주어' 형태로 to ⓡ이 쓰였으므로 이 비교 대상도 마찬가지로 to ⓡ 형태인 to get을 쓴 것은 옳다. POINT 087

**해석** 도시를 유지하는 것보다 더 심각한 문제가 있다. 사람들이 혼자 일하는 것이 더 편안해질수록, 그들은 덜 사교적이 될 수도 있다. 또 다른 비즈니스 미팅에서 옷을 차려입는 것보다 편안한 운동복이나 목욕 가운을 입고 집에 있는 것이 더 쉽다!

**구문분석**

There / is a more serious problem than maintaining the cities. (As people become (more)
유도부사　V(단수)　 S(단수)　　　　　　　 타V　　　 옥　 S　　 V₂

comfortable (working alone)), they / may become (less) social. It's easier to stay home [in
　　형　　　분사구문　　　　　 S　　　V₂　　　　　C　　　　　　가주어 – 진주어

comfortable exercise clothes or a bathrobe than to get dressed [for yet another business
　　　　　　　　　　　　　　등위

meeting]!

## 048 정답 ②

**정답해설**
② 지각동사 see의 뒤에 쓰인 -ing / ⓡ은 능동의 의미로 "[목적어]가 ~하는 것을 보다"의 의미이고 p.p.는 수동으로 '[목적어]가 p.p. 되는 것을 보다'의 의미이다. 1형식의 동사인 move는 수동으로 쓸 수 없으므로 능동으로 고쳐야 하며, 내용상 '이사를 하는 것'이므로 능동의 의미인 'moving / move'를 쓰는 것이 올바르다.
(moved → move/moving) ▪ 2021 지방직 9급  POINT 023

**오답해설**
① "~해봐야 소용없다"의 의미로 it is no use ~ing를 쓴 것은 옳다. ▪ 2021 지방직 9급 [숙어 표현]

③ POINT 1 "~할 수밖에 없다"의 의미인 have no choice but 뒤에는 항상 to ⓡ을 쓴다. 올바르게 쓰였다.
POINT 2 because of는 전치사로 뒤에 항상 명사(ⓢ)를 쓴다. 뒤에 명사 the accident를 쓴 것은 옳다. ▪ 2020 국가직 9급  POINT 037 /POINT 108

④ POINT 1 난이 형용사 easy는 항상 "가주어(it) - 진주어(to ⓡ)"의 형식으로 쓴다.
POINT 2 to ⓡ이 나열될 때, 뒤의 to는 생략이 가능하므로, to ⓡ and ⓡ의 형태가 가능하다. to assemble (to ⓡ) and take apart ⓡ를 쓴 것은 올바른 표현이다. ▪ 2020 국가직 9급 POINT 079 /POINT 002

to assemble　and　take apart
　(to ⓡ)　　　　　(ⓡ)

**구문분석**
① 학생들을 설득하려고 해 봐야 소용없다.
→ It / is no use trying to persuade the students.
　가S　V　C　　　　진S(동명사구)

② 내가 출근할 때 한 가족이 위층에 이사 오는 것을 보았다.
→ (As I / went out [for work]), I / saw a family moving in [upstairs].
　　　S　　V　　　　　　　S　V　　O　　　C

③ 그녀는 그 사고 때문에 그녀의 목표를 포기할 수밖에 없었다.
→ She / had no choice [but to give up her goal] [because of the accident].
　S　　V　　↳ have no choice but to ⓡ

④ 그 장난감 자동차를 조립하고 분리하는 것은 쉽다.
→ It / is easy (to assemble and take apart the toy car).
　가주어　V　C　　진주어

## 049 정답 ②

**정답해설**
② "명하다"의 의미인 동사 command는 「주장·명령·요구·제안」 동사로 간주할 수 있다. 따라서, 뒤의 that절에 should ⓡ /ⓡ을 쓴다. 자동사 cease(그만두다/중단하다/중단시키다)를 ⓡ의 형태로 쓴 것은 옳다. ▪ 2020 국가직 9급  POINT 028

**오답해설**
① '~를 고대하다'의 의미인 look forward to 뒤에는 항상 『명사/-ing』의 형태로 쓴다. ⓡ의 형태인 receive를 -ing로 고친다.
(receive → receiving) ▪ 2021 국가직 9급  POINT 068

③ '~할 가치가 있다'의 의미인 be worth 뒤에는 항상 -ing를 쓴다. 여기서는 -ing가 능동과 수동을 모두 표현한다.
(considered → considering) ▪ 2021 국가직 9급 POINT 114

④ "be survived by"는 "~를 유족으로 남기고 (죽다)"의 의미이다. 내용상 맞지 않고, survive는 "자/타"가 모두 되는 동사로 "~에서 살아남다"로 쓸 때는 뒤에 목적어를 쓰는 타동사로 쓴다. 따라서, 수동태의 형태인 be survived by를 능동의 형태인 survive로 쓴다.
(are survived by → survive) ▪ 2020 국가직 9급 POINT 062

**구문 분석**

① 나는 너의 답장을 가능한 한 빨리 받기를 고대한다.
→ I / look forward to receiving your reply [as soon as possible].
   S    V     전치사      O(동명사구)           = as soon as I can

② 그 위원회는 그 건물의 건설을 중단하라고 명했다.
→ The committee / commanded / that construction of the building cease.
         S            V                    S                    V®
                                                              (should)

③ 그의 스마트 도시 계획은 고려할 만했다.
→ His plan [for the smart city] / was worth considering.
    S                              V         O

④ 거의 모든 식물의 씨앗은 혹독한 날씨에도 살아남는다.
→ The seeds [of most plants] / survive harsh weather.
      S                          V       O

## 050 정답 ②

**정답 해설**

② '시작하다, 탑승하다'를 의미하는 embark는 뒤에 on을 함께 쓴 것은 옳다.

**오답 해설**

① '~로부터 나오다'를 의미하는 emerge는 1형식 자동사로, 수동태로 쓸 수 없다. 따라서 능동의 형태인 had emerged로 쓴다.
(had been emerged → had emerged) POINT 063

③ 해당 보기는 동사로 주어는 East and West, 즉 복수이다. 따라서 동사 또한 복수 형태인 were로 고치는 것이 옳다.
(was → were) POINT 039

④ its가 의미하는 것은 앞선 "East and West"이다. 즉 복수이므로 이를 받는 경우 복수 형태인 their을 써야 한다. 따라서 its를 their로 고치는 것이 옳다.
(its → their) POINT 054

**해석** 1955년까지 니키타 흐루쇼프는 구소련에서 스탈린의 후계자로 부상했고, 그는 "평화 공존" 정책을 시작했는데, 그 정책은 동서가 경쟁을 계속하되, 대립은 덜 하도록 되어 있었다.

**구문분석**

(By 1955) Nikita Khrushchev / had emerged [as Stalin's successor] [in the USSR], and he embarked on a policy [of "peaceful coexistence"] whereby East and West / were to continue their competition, / but [in a less confrontational manner].

## 051 정답 ①

**정답해설**

① "~로 떠나다"의 의미로 쓸 때, leave는 1형식으로 뒤에 부사를 쓴다. be + -ing는 가까운 미래를 나타낼 수 있으므로 be starting의 형태로 쓴 것은 옳다. ▪ 2020 지방직 9급  POINT 022

**오답해설**

② keep이 "막다 /금지하다"의 의미로 쓸때는 뒤에 반드시 keep Ⓐ from Ⓑ -ing를 쓴다.
("keep 목 -ing"는 "목가 -ing 하도록 유지시키다"의 의미)
(kept her advancing → kept her from advancing) ▪ 2021 국가직 9급  POINT 010

③ if가 ~인지 아닌지의 의미로 쓸 때는 "if or not"로는 쓰지 않는다. 반드시 whether로 쓴다.
(if → whether) ▪ 2021 국가직 9급  POINT 125

**참고**

**기본 구문**

|  | if | whether |
|---|---|---|
| 의미 | 만약~라면, ~인지 아닌지 | ~인지 아닌지 |
| 목적어절 | V(타) ⊕ if S V (O) | V(타) ⊕ whether S V (O) |
| 주어절 | if S V ⊕ V (×) | whether S V ⊕ V (O) |
| 보어절 | be ⊕ if S V (×) | be ⊕ whether S V (O) |
| ⊕ to Ⓡ | if to Ⓡ (×) | whether to Ⓡ (O) |
| ⊕ or not | if ⊕ or not (×) | whether ⊕ or not (O) |
|  | 목적어절만 가능(나머지 모두 불가능) | 모두 가능 |

④ 2형식의 be동사 뒤에서 감정동사 excite가 쓰였다. 감정동사가 2형식 동사의 뒤에서 쓰일 때는 -ing/p.p.로 쓰이며, -ing는 "감정을 느끼게 하는"의 의미이고, p.p.는 "감정을 느끼고 있는"의 의미이다. 앞선 주어가 "The Christmas party"로 사물이므로 감정을 느낄 수 없으므로, -ing의 형태로 쓰는 것이 옳다.
(excited → exciting) ▪ 2020 지방직 9급  POINT 075

**해석**
① 나는 오늘 정오에 일을 시작하기 때문에 지금 당장 떠나야 한다.
② 학위가 없는 것이 그녀의 성공을 방해했다.
③ 그는 사형이 폐지되어야 하는지 아닌지에 대한 에세이를 써야 한다.
④ 크리스마스 파티는 정말 흥미진진했고 나는 시간 가는 줄 몰랐다.

> **구문분석**
> ① I / must leave (right now) because I am starting work [at noon today].
> ② Her lack [of degree] / kept her [from advancing.]
> ③ He / has to write an essay [on whether or not the death penalty / should be abolished].
> ④ The Christmas party / was (really) exciting and I (totally) lost track [of time].
> ↳ lose track of time: 시간 가는 줄 모르다

## 052

**정답** ①

**정답해설**
① the person you are speaking은 명/주동의 구조로 관계 대명사 목적격의 생략이다. 따라서 뒤에 불완전한 형태가 와야 하므로 전치사 to를 쓴다.
(speaking → speaking to) ▪ 2018 국가직 9급 📖 POINT 123

**오답해설**
② 원급 비교 so ~ as는 부정문에만 쓴다. 앞서 not이 있으므로 올바른 표현이다. so ~ as 사이에 원급 형용사 보어 stingy가 쓰인 것은 옳다. ▪ 2018 국가직 9급 📖 POINT 081
③ 문장 맨 앞 부사 자리에 p.p.가 쓰여 「분사구문」이 되었다. 「분사구문」에서 p.p.는 [수동]으로 뒤에 목적어가 없이 쓰인 것은 옳다. 한편 이 「분사구문」 앞에 주어가 없는데, 이는 뒤의 [주절의 주어]와 같아서 생략된 것으로 볼 수 있다. 따라서 주어 the book을 함께 고려하면, "책이 무언가를 쓰는 것"(능동)이 아니라, "쓰여지는 것"(수동)이므로, p.p.로 쓴 것은 옳다. ▪ 2020 경찰 1차 📖 POINT 077
④ "~할 수밖에 없다"의 의미인 can not help but은 뒤에 ⓡ을 쓴다. ⓡ의 형태인 fall을 쓴 것은 옳다. ▪ 2020 경찰 1차 📖 POINT 037

**해석**
① 네가 말하고 있는 사람과 시선을 마주치는 것은 서양 국가에서 중요하다.
② 그는 사람들이 생각했던 만큼 인색하지 않았다는 것이 드러났다.
③ 쉬운 영어로 쓰여져서 그 책은 많은 이들에게 읽혔다.
④ 내가 그녀를 처음 보았을 때, 나는 그녀와 사랑에 빠질 수 밖에 없었다.

> **구문분석**
> ① Making eye contact / [with the person] you are speaking to / is important [in western countries].
> ② It / turns out / that he was not so stingy as he / was thought (to be).
> ③ Written (in plain English), the book / has been read [by many people].
> ④ (When I / met her [for the first time]), I / couldn't help but fall [in love with her].
> ↳ can not help but ⓡ

## 053  정답 ②

**정답 해설**
② 명사 dream 뒤에 '전치사 + 관계대명사'가 관계부사로 쓰였으므로 완전한 문장이 이어져야 한다. 해당 부분은 2형식의 완전한 문장 'he(주어) was(동사) captured(보어)'가 왔으므로 in which를 쓴 것은 옳다. ▣ POINT 116

**오답 해설**
① 'A를 B의 탓/덕으로 돌리다'를 의미하는 동사 attribute는 attribute Ⓐ to Ⓑ 형태로 쓴다. 따라서 뒤의 전치사 for를 to로 고친다.
(for → to) ▣ POINT 006

③ "there is/are(~가 있다)의 의미인 유도부사 구문에서 주어는 오른편에 위치한다. 주어가 holes, 즉 복수이므로 동사 또한 복수 형태로 (시제 일치하여) were로 고치는 것이 옳다.
(was → were) ▣ POINT 102

④ POINT 1 "feature / he needed"은 명주동 구조로 관계대명사 목적격 생략이거나 관계부사 생략이 되었음을 유추할 수 있어야 한다. 앞에 명사가 장소, 방법, 시간, 이유를 나타내는 명사가 아니니 관계부사 생략은 될 수 없다. 즉, 관계대명사 목적격이 생략된 것이다. 관계대명사 that을 쓰면 뒤에 불완전 구조를 써야 하므로 동사 needed에 대한 목적어가 없어야 한다. 따라서 it을 삭제하는 것이 옳다.
(it → ø)
POINT 2 to solve는 '~하기 위해서'를 의미하는 부사로 쓰였다. ▣ POINT 123

**해석** 발명가 Elias Howe는 재봉틀의 발견을 그가 식인종들에게 붙잡혔던 꿈 덕으로 돌렸다. 그는 그들이 그의 주변에서 춤을 출 때 창끝에 구멍이 있다는 것을 알아차렸고, 이것이 자신의 문제를 해결하는 데 필요한 디자인적 특징이라는 것을 깨달았다.

**구문 분석**
Inventor Elias Howe / attributed the discovery [of the sewing machine] to a dream in which he / was captured [by cannibals]. He / noticed (as they danced around him) that there were holes [at the tips of spears], and he / realized (that) this was the design feature / he needed (to solve his problem).

## 054  정답 ①

**정답 해설**
① POINT 1 전치사 of와 관계대명사 소유격인 「whose + 명사」가 쓰인 경우로 뒤에 있는 명사가 이 전치사 of의 목적어가 되며, 관계대명사 소유격을 통해 문장과 문장을 연결하는 구조가 되었다. 올바른 표현이다.
POINT 2 "실종된"의 의미는 missing을 쓴다. 올바른 표현이다. ▪ 2020 경찰 1차 ▣ POINT 072 (포인트2)

**오답 해설**
② 유도동사 get은 뒤에 [동 + to ®/p.p.]의 구조로 쓴다. ®의 형태인 dress는 틀렸음을 알 수 있다. 한편, "dress"는 "옷을 입히다"의 의미의 「타동사」인데, "아이들이 (누군가에게) 옷을 입히는 것"(능동)이 아니라, "입혀지는 것, 입게 되는 것"(수동)이므로 p.p.의 형태인 dressed를 쓴다.
(dress → dressed) ▪ 2020 경찰 1차 ▣ POINT 025

③ "들어 올리다/(문제를) 제기하다/(기금을) 모금하다" 등의 의미로 쓰는 raise는 타동사로 뒤에 목적어를 쓴다. 뒤에 목적어가 없고, 우리말 내용상 "생긴다"라고 했으므로, "발생하다" 등의 의미인 동사 「arise」를 쓴다.

(have raised → have arisen) ▪ 2020 국가직 9급  POINT 017

④ 주절의 동사가 과거로 쓰였으므로 종속절의 동사는 과거/과거 형태로 쓴다. will을 쓸 수 없고, would를 쓰거나 동사를 과거 형태로 쓴다.

(will blow → would blow / blew) ▪ 2020 국가직 9급  POINT 055

**구문분석**

① 그녀는 곰 인형을 하나 가지고 있었는데, 인형 눈이 양쪽 다 떨어져 나가고 없었다.
→ She / had a teddy bear, / [both] [of whose eyes] were missing.
    S    V      O         S    관·대 소유격    V    C

② 애들 옷 입히고 잠자리 좀 봐 줄래요?
→ (After you've got the children dressed), can you make the beds? (의문문)
        S    V      O         O.C        조  주   동

③ 몇 가지 문제가 새로운 회원들 때문에 생겼다.
→ Several problems / have arisen [due to the new members].
       S              V        전         명

④ 그들은 한 시간에 40마일이 넘는 바람과 싸워야 했다.
→ They / had to fight [against winds] / that would blow [over 40 miles] [an hour].
   S      V                           관·대   V                          ~당/=per

## 055  ④

**정답해설**

④ "-때문에"를 의미하는 ㉣인 since가 옳게 쓰였고, ㉣ 뒤에 2형식 문장이 쓰인 것 또한 옳다.  POINT 109

they are (so) (obviously) of great benefit (of + 추상명사)
 S    V                        C

**오답해설**

① 해당 부분은 부사 자리에 -ing 형태가 쓰여 분사구문이 된 것이다. 분사구문에서는 항상 '태·주·시' 세 가지를 확인해야 한다. -ing 형태는 능동이므로, '활용하다'를 의미하는 utilize는 뒤에 목적어가 있어야 한다. 그런데 해당 문장에는 이 목적어가 없으므로 틀렸다. 또한 utilizing 앞에 주어가 없는 것은 주절의 주어인 animals와 주어가 같아서 생략한 것인데, 이를 고려하면 '동물들이 무언가를 활용하다'를 의미하게 되어 어색하다. 따라서 Utilizing을 수동의 p.p로 고치는 것이 옳다.

(Utilizing → Utilized)  POINT 077

② rise는 '오르다, 떠오르다'를 의미하는 자동사이므로 뒤에 목적어를 쓸 수 없다. 하지만 뒤에 목적어인 human living standards가 있으므로 "들어올리다/올리다"의미의 타동사 raise로 고치는 것이 옳다.

(rise → raise)  POINT 017

③ 앞선 「, and」의 쓰임으로 보아 3개 이상 나열된 구조이다. 따라서 앞선 요소와 마찬가지로 ⓡ의 형태로 쓴다.

(grinding → grind)  POINT 002

해석 가축은 인간이 이용할 수 있는 가장 빠르고 효과적인 '기계'이다. 그들은 인간의 등과 팔의 긴장을 제거한다. 다른 기술과 함께 이용되는 동물들은 인간의 생활 수준을 매우 크게 높일 수 있는데, 이는 보조 식품(고기와 우유의 단백질)으로서 그리고 부담이 되는 것들과 생활용수를 운반하고 곡물을 빻는 기계로서도 그러하다. 그들은 매우 명백하게 큰 이익이 되기 때문에, 우리는 수 세기에 걸쳐 인간이 그들이 기르고 있는 동물의 수와 질을 증가시킬 것임을 발견하기를 기대할 수 있다. 놀랍게도, 이것은 보통 그렇지 않았다.

구문분석

Domesticated animals / are the earliest and most effective 'machines' (available [to humans]).
    S              V                    C                                    
They / take the strain off the human back and arms. Utilized [with other techniques], animals /
 S    V            O                                  p.p                    분사구문      S
can raise human living standards (very considerably), both (as supplementary foodstuffs
 V           O                                              Ⓐ
(protein in meat and milk)) and (as machines) / to carry burdens, lift water, and grind grain.
                             Ⓑ   형용사적 용법                    3개 이상 나열
(Since they / are (so) (obviously) of great benefit), we / might expect to find that [over the
        S    V₂                                       S       V                전
centuries] humans would / increase the number and quality of the animals / they kept.
            S         V             O                                    S   V
                                                                      관대 생략
(Surprisingly,) this / has not (usually) been the case.
                 S    V                    C

## 056  정답 ②

정답해설
② POINT 1  be동사 is (단수)의 주어는 맨 앞 명사 the intensity(단수)이므로 단수 형태로 쓴 것은 옳다.
  POINT 2  "~와 연관되다"의 의미의 숙어 be related to를 쓴 것은 옳다.
  POINT 2  how절이 명사절로서 전치사 to의 목적어절이 된 것은 옳다.
  POINT 4  "얼마나"의 의미로 how 뒤에 ⑲/⑮를 쓰는데, 뒤에 much를 직접 붙여 쓴 것은 옳다.
  POINT 5  gray는 불가산 명사로 much와 어울려 쓴 것은 옳다. ▪ 2020 국가직 9급
  📖 POINT 041 (포인트1)/POINT 123 (포인트4)/POINT 050 (포인트5)

오답해설
① "~하는 사람들"의 의미는 「the + ⑲」를 쓴다. "부(富)"의 의미인 wealth를 형용사 형태인 wealthy로 고친다.
  (wealth → wealthy) ▪ 2020 국가직 9급 📖 POINT 053

③ much는 불가산 명사와 쓰는데, 앞선 ㉠㉡㉢에서 "수십억 개의 별들 중에서"라고 했으므로, 가산 명사와 함께 쓰는 many를 쓰는 것이 옳다.
  (much → many) ▪ 2020 지방직 9급 📖 POINT 050

④ "~하곤 했다"의 의미인 used to는 조동사로, 뒤에 ⓡ의 형태를 쓴다. -ing의 형태인 loving을 ⓡ의 형태인 love로 고친다.
  (loving → love) ▪ 2020 지방직 9급 📖 POINT 032

해석 ① 건포도는 한때는 비싼 음식이었고, 부유한 이들만이 먹었다.
② 색채의 강도는 얼마나 많은 회색이 섞여 있는가와 관련이 있다.
③ 은하계에 있는 수십억 개의 별들 중에서, 얼마나 많은 별들이 생명을 부화할 수 있을까?
④ 그들은 어렸을 때 책을 훨씬 더 좋아했었다.

구문 분석

① Raisins / were (once) an expensive food, and (only) the wealthy / ate them.
② The intensity [of a color] / is related to (how much gray the color contains).
③ [Of the billions of stars] [in the galaxy], how many / are able to hatch life?
④ They / used to love books (much more) (when they were younger).

## 057 정답 ③

정답 해설

③ "–때문에"를 의미하는 due to는 전치사로 뒤에 명사만 쓸 수 있다. 하지만 아래와 같은 3형식의 완전한 구조의 문장이 제시되어 있으므로 같은 의미의 @인 since 정도로 고치는 것이 옳다.

this    can confuse    the energy
 S          V              O

(due to → since) POINT 108

오답 해설

① 동사 affect의 주어는 Each color로 단수이다. 그리고 등위접속사 and를 중심으로 has와 병렬 관계를 이루어야 한다. 따라서 affects를 쓴 것은 옳다. POINT 049 / POINT 002

② "~한 느낌이 나다/~하게 느끼다" 뜻의 feel은 「감각 동사」로, 감각 동사는 항상 형용사를 보어로 쓴다. 따라서 형용사인 discordant을 쓴 것은 옳다. POINT 005

④ "결국 ~하게 되다"의 의미인 end up -ing 표현이 옳게 쓰였다. POINT 068

해석 각각의 색깔은 그것과 관련된 다른 특성을 가지고 있고 우리의 기분과 감정에 영향을 미친다. 어떤 색깔의 조합은 자연스럽게 잘 어울리는 반면 다른 색들은 불협화음을 느낄 수 있다. 에너지를 혼란스럽게 하고 결국 너무 자극적이게 될 수 있기 때문에 너무 많은 색을 방에 들이지 않도록 주의해라.

구문 분석

Each color / has different qualities / associated with it and affects our moods and feelings. Some combinations [of colors] / (naturally) go well (together) / while others / can feel discordant. Take care not to bring too many colors [into a room] since this / can confuse the energy and end up being (too) stimulating.

## 058  정답 ③

**정답 해설**
③ 부정어구 little로 문장이 시작했으므로, 뒤에 도치시킨다. 뒤에 특별한 조동사가 없으므로, do의 과거형태인 did를 조동사로 쓴다.
(I dreamed → did I dream) • 2020 경찰 1차  📖 POINT 097

**오답 해설**
① "~하자마자 ~하다"의 의미의 no sooner 구문에서 no sooner는 부정어구로 시작한 문장이므로, 뒤에 반드시 도치시킨다. 뒤에 had he seen으로 쓴 것은 옳다. no sooner에서 sooner는 비교급이므로 뒤의 than과 함께 쓴 것은 옳다.
• 2020 경찰 1차  📖 POINT 099

② be good at -ing의 형태가 올바르게 쓰였으며, '이해시키다'를 의미하는 get across 역시 적절하다. • 2018 국가직 9급
[숙어 표현]

④ 동사 are의 주어는 앞선 Traffic jams(복수)이므로, 복수 형태인 are는 올바르다. than이 나왔으므로 비교급 more serious와의 연결도 적절하다. 대명사 those(복수)는 앞선 the traffic jams(복수)를 받고 있으므로, 올바른 문장이다.
• 2018 국가직 9급  📖 POINT 041 (주술 수일치)/POINT 081 (비교급)/POINT 054 (대명사 수일치)

**해석**
① 그는 나를 보자마자 (그가) 도망쳤다.
② 그 연사는 자기 생각을 청중에게 전달하는 데 능숙하지 않았다.
③ 그가 나에게 거짓말을 했다라곤 꿈도 꾸지 않았다.
④ 서울의 교통 체증은 세계 어느 도시보다 심각하다.

**구문 분석**
① (No sooner) had he seen me / than he ran away.
   부정어구 도치  조 주 동  비교 S V₁

② The speaker / was not good at getting his ideas across [to the audience].
   S              V

③ (Little) did I dream (that he had told me a lie).
   부정어구  조 주 동      S  V  人 物
                        목적어절

④ The traffic jams [in Seoul] / are more serious than those [in any other city] [in the world].
   S        (복수)            V                              (복수)


## 059  정답 ①

**정답 해설**
① '~하지 않기 위해서'를 의미하는 lest는 뒤에 should ®을 쓰는데, 이 should는 생략 가능하다. should를 생략하는 경우에는 ®만 쓴다. • 2019 지방직 9급  📖 POINT 113

**오답 해설**
② borrow '빌리다'의 의미이고, lend는 '빌려주다'의 의미로 「수여동사」이다. 뒤에 [人 - 物]로 목적어가 두 개 있으므로 수여동사인 lend를 쓰는 것이 옳다.
(borrow → lend) • 2020 경찰 2차  📖 POINT 016

③ explain 등의 동사는 뒤에 사람을 목적어로 쓸 때, to 人의 형태로 쓴다.
(explain us → explain to us) • 2020 경찰 2차  📖 POINT 020

④ 이 문장의 동사는 would be made로 수동태이다. 수동태 뒤에는 명사(목적어)를 쓸 수 없는데, 이 문장은 뒤에 목적어 the shift가 있으므로 능동의 형태로 고친다.
(would be made → would make) ▪ 2019 지방직 9급  POINT 062

**해석**
① 그 수사는 의혹이 일지 않도록 극진히 신경 써야 했다.
② 나는 Siwoo에게 20달러를 빌려줄 것을 요청했다.
③ 매니저는 그가 미팅을 취소한 이유를 우리에게 설명하기를 거부했다.
④ 그 과정을 빠르게 하는 또 다른 방법은 새로운 시스템으로 전환하는 것이다.

**구문분석**
① The investigation / had to be handled [with the utmost care] lest suspicion / be aroused.
　　　S　　　　　　　　V　　　　　　　　　　　　　　　　　　　　　　　　　(should)
② I / asked Siwoo to lend me twenty dollars.
　 S　V　　O　　　　C
③ The manager / refused to explain [to us] the reason / (why he cancelled the meeting).
　　　S　　　　　　V　　　　　　　　　　O　　　관·부　S　　V　　　　O
④ Another way (to speed up the process) / would make the shift [to a new system].
　　　S　　　　　　　　　　　　　　　　　　　　V　　　　O

## 060  ②

② 그 뒤에 불완전한 문장과 함께 쓰고, 앞에 명사(선행명사)를 두지 않는 『복합관계대명사』는 항상 격(주격/목적격)을 확인한다. 『복합관계대명사』 whomever 뒤에 주어가 빠진 불완전한 문장이 나왔으므로, 주격을 쓴다.
(whomever → whoever) ▪ 2020 지방직 9급  POINT 124

**오답해설**
① POINT 1 관계대명사 what이 쓰였으므로, 뒤에 주어가 빠진 불완전한 문장이 이어진 올바른 표현이다.
　POINT 2 소유격 my 뒤의 명사 grandson을 수식하는 것은 형용사이다. '명사 + ly'는 형용사로 쓰이므로 lovely는 올바른 표현이다.
　POINT 2 관계대명사 what은 단수 취급하므로, 단수 형태의 동사 was는 올바른 표현이다.
　POINT 4 '놀라게 하다'를 의미하는 감정동사 amaze가 2형식 동사(be) 뒤에 쓰였다. 이때 amaze는 -ing(감정을 느끼게 하는) 형태로 쓰거나 p.p.(감정을 느끼고 있는) 형태로 쓸 수 있다. 그런데 앞선 주어가 '사물'인 what이므로, '감정을 느끼고 있는'을 의미하는 p.p. 형태가 아니라 '감정을 느끼게 하는'을 의미하는 -ing 형태를 쓰는 것이 적절하다. ▪ 2019 국가직 9급  POINT 119 (what)/POINT 107 (형용사)/POINT 075
③ POINT 1 영문장의 동사는 are(복수)로, 앞선 주어 wooden spoons(복수)와 수 일치가 잘 되었다.
　POINT 2 '~도 그렇다'를 의미하는 표현에서 앞선 문장이 긍정문이면 'so(조)(동)' 형태를 쓰고, 앞선 문장이 부정문이면 'neither(조)(동)' 형태를 쓴다. 앞선 문장이 긍정문이므로 so를 쓴 것은 올바르다. ▪ 2019 국가직 9급
　 POINT 039 /POINT 103
④ 가정법에서는 항상 동사를 시간 부사의 시간보다 [-1]로 쓰므로, 시간 부사를 확인하는 것이 중요하다. if절에 시간 부사 「last month」(과거)가 있으므로, 동사는 [-1]하여 대과거(had asked)로 쓴 것은 올바르고, 주절에서 시간 부사 「now」(현재)가 있으므로, [-1]하여 would be(과거 형태)를 쓴 것은 옳다. ▪ 2020 지방직 9급  POINT 091

> **구문 분석**
>
> ① 지난여름 나의 사랑스러운 손자에게 일어난 일은 놀라웠다.
> → (What happened [to my lovely grandson]) (last summer) / was amazing.
>   관·대    V        S                              부            V    C
>
> ② 설문지를 완성하는 누구에게나 선물카드가 주어질 예정이다.
> → A gift card / will be given [to whoever completes the questionnaire].
>     S              V      C   복합 관·대        V              O
>
> ③ 나무 숟가락은 아이들에게 매우 좋은 장난감이고 플라스틱 병 또한 그렇다.
> → Wooden spoons / are excellent toys [for children], and so are plastic bottles.
>       S            V       C            부            -도  ⓒ            ⓢ
>
> ④ 지난달 내가 휴가를 요청했더라면 지금 하와이에 있을 텐데.
> → (If I had asked for a vacation [last month]), I / would be (in Hawaii) (now).
>    S  V             O          부          S      V        부사1     부사2

## 061  정답 ①

**정답 해설**

① "each of ⓑ"에서 주어는 each로 단수이다. 따라서 동사 또한 이와 수 일치하여 has를 쓴 것은 옳다. 📖 POINT 049

**오답 해설**

② 관계대명사 what은 선행사를 포함하고 있어서 앞에 ⓝ을 두지 않는다. 하지만 앞에 special cells라는 ⓝ이 있으므로 관계대명사 what을 쓸 수 없다. 따라서 관계대명사 that으로 고치는 것이 옳다.
(what → that) 📖 POINT 121

③ 유도동사 allow는 allow ⓞ to ⓡ 형태로 쓴다. 따라서 to ⓡ 형태인 to change로 고치는 것이 옳다.
(changing → to change) 📖 POINT 025

④ it's는 「it is / it has」의 준말로 「주어-동사」의 문장 구조이다. 전치사 (of), 뒤에 문장을 쓸 수는 없으므로 소유격 its로 고친다.
(it's → its) [대명사 it의 쓰임]

**해석** 오징어, 문어, 갑오징어는 모두 두족류이다. 이 각각의 동물들은 피부 아래에 채색된 액체인 색소가 들어 있는 특별한 세포를 가지고 있다. 두족류는 이 세포들을 피부 쪽으로 또는 피부로부터 멀어지게 할 수 있다. 이것은 그것의 외모의 패턴과 색깔을 바꿀 수 있게 한다.

> **구문 분석**
>
> Squid, octopuses, and cuttlefish / are all types [of cephalopods]. Each [of these animals] / has
>   Ⓐ         Ⓑ    3개 이상 나열 Ⓒ        V   C         of                                    V
> special cells [under its skin] / (that contain pigment, a colored liquid). A cephalopod / can move
>     O                              관·대   V        O       동격                    S         V
> these cells (toward or away from its skin). This / allows it to change the pattern and color [of
>    O                                           S     V   ⓞ  to ⓡ                    등위
>                                                          -하도록
> its appearance].

## 062 정답 ②

**정답해설**

② 가정법에서 동사는 항상 시간부사보다 -1로 쓴다. if절에서는 과거시간 부사(last night)가 있으므로 동사를 -1하여 대과거로 쓰는 것이 옳고, 주절에서는 시간부사가 today로 현재이므로 -1하여 과거 형태인 would be를 쓴 것은 옳다.
- 2020 경찰 2차 POINT 091

**오답해설**

① charge Ⓐ with Ⓑ는 'Ⓐ를 Ⓑ로 기소하다, 고발하다'를 의미하는데, with는 전치사로 뒤에 Ⓑ/-ing를 쓴다. use는 명사로서 뒤에 목적어를 쓸 수 없는데 그 뒤에 the company's money를 목적어로 썼다. 따라서 use를 동명사 using으로 고치는 것이 올바르다.
(use → using) ▪ 2019 지방직 9급 POINT 078

③ object to에서의 to는 전치사로서 뒤에 Ⓑ/-ing를 쓴다. Ⓡ의 형태인 give를 giving으로 쓴다.
(give → giving) ▪ 2020 경찰 2차 POINT 070

④ **POINT 1** '~ 중에 하나'를 의미하는 one of 뒤에는 항상 복수명사를 쓴다. 따라서 '원인'을 의미하는 명사 cause를 복수 형태인 causes로 쓴다.
(cause → causes)

**POINT 2** '주도적인, 주요한'을 의미할 때에는 leading을 쓴다. 또한 명사 cause를 수식하는 자리이므로 동사 형태인 lead를 -ing 형태인 leading으로 고친다.
(lead → leading)

**POINT 3** 이 문장의 동사 is의 앞선 -ing(동명사) 주어는 단수로 취급한다. 따라서 동사도 단수 형태로 올바르게 썼다.
▪ 2019 지방직 9급 POINT 042 (포인트1)/POINT 072 (포인트2)/POINT 044 (포인트3)

**해석**

① 신문에서 그녀를 회사의 돈을 개인적인 목적으로 쓴 것을 고발했다.
② 만일 그 환자가 어제 그 약을 먹었더라면 그는 오늘 나았을 텐데.
③ 그 범죄 용의자는 경찰 조사를 받을 때 대답을 하는 것에 반대했다.
④ 화석 연료를 태우는 것이 기후 변화의 주요 원인이다.

**구문분석**

① The paper / charged her with using the company's money [for her own purposes].
    S      V   Ⓐ                  Ⓑ

② (If the patient / had taken the medicine [last night]), he / would be better [today].
         S       V         O                            S    V    C

③ The criminal suspect / objected to giving an answer when questioned [by the police].
        S                V               O        (he or she was)

④ Burning fossil fuels / is one of the leading causes of climate change.
         S            V    one of the 명(복수)

## 063 정답 ④

**정답해설**

④ **POINT 1** 부정어구 Scarcely 뒤에서 도치가 (had we gone) 발생했으므로 올바른 표현이고,
**POINT 2** scarcely는 접속사 before/when 등과 어울리므로 올바른 표현이다.
**POINT 3** 비가 온 것보다 나간 것이 먼저이므로 대과거로 쓴 것은 올바르다. ▪ 2020 경찰 2차  POINT 099

**오답해설**

① '충고'의 의미인 advice는 절대 불가산 명사로 앞에 부정관사 an을 쓰지 않는다. an을 삭제하거나 a piece of advice를 쓴다.
(an → ø) / (an advice → a piece of advice) ▪ 2020 경찰 2차  POINT 040

② '~을 고대하다'를 표현할 때에는 look forward to -ing를 쓴다.
(to go → to going) ▪ 2018 지방직 9급(사복)  POINT 070

③ 명사 anything 뒤에 감정동사 interest가 p.p. 형태로 쓰였다. 그런데 앞선 명사 anything이 '사물'이므로, '~한 감정을 느끼고 있는'을 의미하는 p.p. 형태는 쓸 수 없다. 따라서 -ing 형태로 고쳐야 한다.
(interested → interesting) ▪ 2018 지방직 9급(사복)  POINT 075

**구문분석**

① 나는 그에게 충고 한마디를 했다.
→ I / gave him a piece of advice.
  S   V   I.O        D.O

② 나는 버팔로에 가 본 적이 없어서 그곳에 가기를 고대하고 있다.
→ I / have (never) been to Buffalo, / so I / am looking forward to going (there).
  S        V                              S           V

③ 나는 아직 오늘 신문을 못 읽었어. 뭐 재미있는 것 있니?
→ I / have not read today's newspaper (yet). Is there anything interesting [in it]?
  S        V              O                    조    주

④ 우리가 나가자마자 비가 내리기 시작했다.
→ [Scarcely] / had we gone out (before it began to rain).
   부정부사     조  주  동           S   V    O

## 064 정답 ①

**정답해설**

① convinced는 '~을 확신시키다'를 의미하는 타동사로, 능동의 형태로 쓰는 경우에는 반드시 뒤에 목적어가 와야 한다. 그런데 이 문장은 뒤에 목적어가 빠져 있으므로 수동태로 고치는 것이 올바르다.
(convinced → am/was convinced)  POINT 012

**오답해설**

② from scratch는 '맨 처음부터'를 의미하는 표현이므로, from을 쓴 것은 올바르다. [숙어 표현]

③ 비교급 강조어구로는 much, even, still, far 등이 있다. 따라서 비교급 easier 앞에 강조의 표현 even을 쓴 것은 올바르다.  POINT 090

④ 비교할 때 비교 대상의 모양은 항상 동일해야 한다. 앞에 making pumpkin cake라는 -ing 형태가 있으므로, than 뒤에도 -ing 형태인 making cake를 쓴 것은 올바르다.  POINT 087

**구문분석**

I / was convinced that making pumpkin cake [from scratch] / would be even easier than making cake [from a box].
S  V                    S                                     V           C        비교
                                         등위(비교)

## 065  정답 ②

**정답해설**

② 영문장의 per person은 '사람 한 명당'을 의미한다. 주어진 우리말처럼 '개인용'을 표현하는 경우에는 for person으로 쓰는 것이 올바르다.
(per → for) ▪ 2019 국가직 9급

**오답해설**

① **POINT 1** 뒤의 시간부사 'since'를 고려하면, 주절의 동사가 완료진행 시제로 올바르게 쓰였다.
**POINT 2** 주절의 동사가 완료 시제 또는 완료진행 시제이고, 접속사 since 뒤에 문장이 쓰여 시간부사절이 될 때, 이 since절의 동사는 과거형으로 쓴다. ▪ 2019 국가직 9급  POINT 055

since + S + V 과

③ 앞에 있는 이유를 나타내는 부사절이 시간적으로 먼저 있던 일이므로, 대과거(had p.p.)를 쓴 것은 옳다. "무료"의 의미는 "free of charge"를 쓰므로 올바른 표현이다. ▪ 2020 지방직 9급  POINT 055

④ "설상가상으로"의 의미는 "what is/was worse"를 쓴다. 올바른 표현이다. ▪ 2020 지방직 9급  POINT 120

**구문분석**

① 나는 은퇴 후부터 내내 이 일을 해 오고 있다.
→ I / have been doing this work (ever since I / retired).
  S   V(완료진행)        O            S  V(과거)

② 개인용 컴퓨터를 가장 많이 가지고 있는 나라는 종종 바뀐다.
→ The country / [with the most computers] [for person] / changes [from time to time].
  S                                                      V₁

③ 보증이 만료되어서 수리는 무료가 아니었다.
→ (Since the warranty had expired), the repairs / were not free (of charge).
       S            V₁                  S         V        C  free of: ~가 없는

④ 그의 아버지가 갑자기 작년에 돌아가셨고, 설상가상으로 그의 어머니도 병에 걸리셨다.
→ His father / (suddenly) passed away (last year), and, (what was worse), his mother / became sick.
  S                       V₁              부사         설상가상으로           S        V    C

## 066 정답 ②

**정답 해설**
② 감각동사 look 뒤에 형용사 보어가 올바르게 쓰였다.
- ⑲ + -ly = 형용사 ex. lovely 사랑스러운, friendly 친근한, costly 값비싼
- ⑲ + -ly = 부사 ex. carefully 조심스럽게, wisely 현명하게, kindly 친절하게 ▣ POINT 005

**오답 해설**
① approach는 타동사이기 때문에 전치사 to를 쓰지 않고 바로 목적어를 쓴다. 따라서 to를 삭제한다.
(to → ø) ▣ POINT 007

③ explain은 3형식 동사이기 때문에 4형식(간접목적어 + 직접목적어)으로 쓸 수 없다.
(us → to us) ▣ POINT 020

④ '실망시키다'를 의미하는 감정동사 disappoint가 2형식의 be동사 뒤에 쓰였다. 주어 He가 '실망시키는(능동)' 것이 아니라, '실망되는(수동)' 것이므로 p.p. 형태로 쓴다.
(disappointing → disappointed) ▣ POINT 075

**해석**
- 그 경찰관은 살인 용의자에게 접근했다.
- 당신의 아기는 사랑스러워 보인다.
- 그는 그가 어떻게 그 시험을 통과할 수 있었는지 우리에게 설명할 것이다.
- 그는 그 시험 결과에 실망했다.

**구문 분석**
- The police officer / approached the suspected murderer.
  S / V / O
- Your baby / looks lovely.
  S / 감각V / ⑲
- He / will explain to us / how he / could pass the test.
  S / V / S / V / O
- He / was disappointed [with the result] [of the test].
  S / V / C

## 067 정답 ④

**정답 해설**
④ 이어동사 see off에서 일반명사 목적어는 「동사와 부사 사이」나 「부사 뒤」 어디에 써도 무방하다. ▪ 2018 지방직 9급(사복)

**오답 해설**
① recede(멀어지다, 물러나다)는 자동사로써 수동태로 쓸 수 없다.
(was receded → receded) ▪ 2020 경찰 2차 ▣ POINT 007

② '~인 체하다'를 표현할 때에는 make believe를 쓴다. 따라서 it을 삭제한다.
(made it believe → made believe) ▪ 2018 지방직 9급(사복) [숙어 표현]

③ 뒤에 비교 접속사 than이 있는 것으로 보아, 반드시 비교급이 나와야 한다. 원급 표현인 as를 비교급의 표현인 more로 고친다.
(as → more) ▪ 2020 경찰 2차 ▣ POINT 081

**구문분석**

① 그녀의 발자국 소리는 서서히 멀어져 갔다.
→ The sound [of her footsteps] / receded [into the distance].
　　S　　　　　　　　　　　　　　V

② 버릇없는 그 소년은 아버지가 부르는 것을 못 들은 체했다.
→ The spoiled boy / made believe / he didn't hear his father calling.
　　S　　　　　　　　V　　(that)　지각V　　　O　　　-ing

③ 벌과 꽃만큼 서로 밀접하게 연결되어있는 생명체는 거의 없다.
→ Few living things / are linked [together] [more intimately] than bees and flowers.
　　S　　　　　　　　V　　　　　　　　　　　　　　　　　　　비교접속사

④ 그는 며칠 전에 친구를 배웅하기 위해 역으로 갔다.
→ He / went to the station (a few days ago) (to see off his friend).
　S　　V

---

## 068　정답 ②

**정답해설**

② '결혼하다'를 의미하는 동사 marry는 타동사로, 능동태로 쓰는 경우에는 뒤에 전치사를 쓸 수 없다. 수동태로 쓰는 경우에는 be married to로 쓴다. 따라서 has를 was로 고친다.
(has → was) ▪ 2019 지방직 9급　POINT 065

**오답해설**

① 「Ⓐ에게 Ⓑ를 상기시키다」의 의미인 동사 "remind"는 항상 [remind Ⓐ of Ⓑ]의 형태로 쓴다. 뒤의 Ⓐ의 자리에 me를 Ⓑ의 자리에 memories를 쓴 것은 옳다. ▪ 2020 지방직 9급　POINT 012

③ 동사 buy는 수여동사로, 뒤에 다음의 구조를 따른다. ▪ 2019 지방직 9급　POINT 014

```
       ┌ 人 - 勿
buy ───┤ 勿 - for 人
       └ 勿
```

④ 명사 뒤에 who가 쓰여 관계대명사가 되었다. 관계대명사 who 뒤에 주어가 빠져서 불완전하게 쓴 것은 올바르며, 관계대명사는 수를 표시하지 않으므로, 앞선 명사(선행명사) people(복수)과 수 일치하여 look을 쓴 것은 옳다. ▪ 2020 지방직 9급　POINT 116

**구문 분석**

① 그것은 내게 지난 24년의 기억을 상기시켜 준다.
→ It / reminds me [of the memories] [of the past 24 years].
　S　　V　　　Ⓐ　　　　　Ⓑ
　↳ remind Ⓐ of Ⓑ

② 그녀는 남편과 결혼한 지 20년 이상 되었다.
→ She / was married [to her husband] [for more than two decades].
　S　　　V　　　　C

③ 나는 내 아들이 읽을 책을 한 권 사야 한다.
→ I / should buy a book [for my son] (to read).
　S　　　V　　　　　㉮　　　㉯

④ 나는 대화할 때 내 눈을 보는 사람들을 좋아한다.
→ I / like people / [who look me in the eye] (when I have a conversation).
　S　V　　O　　관·대　　　　　　　　　S　V　　　O

## 069　정답　④

**정답 해설**
④ 선행사를 포함하는 관계대명사 what이 명사절을 이끌고 있기 때문에 올바른 표현이다. 📖 POINT 119

**오답 해설**
① 타동사 please(만족시키다, 기쁘게 하다)가 뒤에 '원인'을 나타내는 that절과 함께 쓰였다. 즉 "옷이 많아서 (주어인) 내가 기쁜 것"이므로 수동형인 pleased로 고쳐야 한다.
(pleasing → pleased) 📖 POINT 075

② so 이후에 문장의 주어와 동사가 없다. 그러므로 it의 소유격인 its가 아니라, it is의 줄임말인 it's로 고쳐야 한다.
(its → it's) 📖 POINT 001

③ 선행사가 clothes(복수)이므로, 동사 또한 주어에 수를 일치시켜서 복수형인 fit으로 고쳐야 한다.
(fits → fit) 📖 POINT 116

**해석**　나는 나에게 충분한 옷들이 있어서 기쁘다. 미국인들은 일반적으로 일본인들보다 크기 때문에 시카고에서 나에게 맞는 옷들을 찾는 것은 매우 어렵다. 일본에서는 미디엄 사이즈인 것이 여기에서는 작은 사이즈이다.

**구문 분석**

I' / m pleased / that I / have enough clothes [with me]. American men / are (generally)
S　V　　C　　원인　S　　V　　　　O　　　　　　　　　S　　　　V

bigger than Japanese men so it' / s very difficult to find clothes [in Chicago] that fit me. (What
　　　　　　　　　　　　　　가주어　　　　　　　　　　　　　　　↳ 진주어

is a medium size) [in Japan] / is a small size (here).
　　S　　　　　　　　　　　V　　C

## 070 정답 ③

**정답해설**
③ regret -ing는 "~했던 것을 후회하다"의 의미이고, regret to Ⓡ은 "아쉽게도 ~하겠습니다"의 의미이다. 우리말에서 "후회한다"고 했으므로 뒤에 to Ⓡ의 형태인 to tell을 -ing의 형태인 telling으로 고친다.
(tell → telling) ▪ 2020 지방직 9급 📖 POINT 069

**오답해설**
① '~하는 경우에'를 의미하는 접속사 in case (that)가 쓰여 문장을 연결하는 구조이다. ▪ 2019 지방직 9급 📖 POINT 109
② '~하느라 바쁘다'를 의미하는 숙어 be busy -ing가 올바르게 쓰였다. ▪ 2019 지방직 9급 [숙어 표현]
④ 비교 접속사 than이 있으므로 앞선 부분에 비교급 worse를 쓴 것을 올바르며, 비교 대상이 동일해야 하므로, 주어 "경험"과 "경험"을 비교하기 위해 소유대명사 hers를 쓴 것은 옳다. ▪ 2020 지방직 9급 📖 POINT 081 /POINT 087

**구문분석**
① 혹시 내게 전화하고 싶은 경우에는 이게 내 번호야.
→ This / is my number (just) [in case you would like to call me].
  S    V   C              (that) S        V

② 나는 유럽 여행을 준비하느라 바쁘다.
→ I / am busy preparing for a trip [to Europe].
  S  └→ be busy -ing: ~하느라 바쁘다

③ 나는 네 열쇠를 잃어버렸다고 네게 말한 것을 후회한다.
→ I / regret telling you (that I lost your key).
  S    V      O     └→ tell Ⓐ that S + V

④ 그 병원에서의 그의 경험은 그녀의 경험보다 더 나빴다.
→ His experience (at the hospital) / was worse than hers.
  S_A                                V    C   비교  S_B

## 071 정답 ②

**정답해설**
② '처리되다'를 의미하는 be disposed of의 주어는 '방사성 폐기물(Radioactive waste)'이다. 따라서 수동태로 쓴 것은 올바르다. ▪ 2019 경찰 1차 📖 POINT 062

**오답해설**
① '~을 고대하다'를 의미하는 표현은 look forward to -ing이다. 따라서 to meet을 -ing 형태인 meeting으로 고치는 것이 올바르다.
(to meet → meeting) ▪ 2019 경찰 1차 📖 POINT 070
③ 비교 표현에서는 any other 뒤에 「단수명사」를 쓴다.
(baseball players → baseball player) ▪ 2018 서울시 9급 추가 채용 📖 POINT 085
④ 이 문장은 '~하자마자' 구문이다. 따라서 Hardly 뒤에는 대과거 형태를 쓰는 것이 올바르다.
(has → had) ▪ 2018 서울시 9급 추가 채용 📖 POINT 099

**해석**
① 그들은 대통령을 만나기를 고대하고 있다.
② 방사성 폐기물은 안전하게 처리되어야만 한다.

③ 그의 학급에서 그는 다른 어떤 야구 선수들보다 능숙하다.
④ 그 바이올리니스트의 연주가 끝나자마자 청중들은 일어나서 박수갈채를 보냈다.

**구문분석**

① They / are looking forward to meeting the President.
　　S　　　　　V

② Radioactive waste / must be disposed of (safely).
　　　S　　　　　　V

③ He / was more skillful than any other baseball player [in his class].
　S　　V　　C
　　　　　　비교

④ Hardly had the violinist finished his performance before the audience / stood up and applauded.
　부정어구　조　　주　　　동　　　　　O　　　　　　　　　　S　　V과　등위　V과

## 072  정답 ④

**정답해설**

④ 선행사 the post와 관계대명사 that이 알맞게 쓰였다. ▣ POINT 118

**오답해설**

① 앞선 동사의 시제가 현재완료(has worked)이므로, '기간(~동안에)'을 표현하기 위해 while을 썼다. 그러나 while은 접속사로서 뒤에 절이 와야 하기 때문에, 명사구(the last three years)에 알맞은 for로 고쳐야 한다.
(while → for) ▣ POINT 055

② 문맥상 자격 요건들이 '언급되어진(수동)' 것이기 때문에 수동의 형태인 mentioned으로 고쳐야 한다.
(mentioning → mentioned) ▣ POINT 073

③ 주어진 대명사 it은 앞선 명사 requirements(자격 요건들 / 복수)를 지칭하므로, 이와 수를 일치시켜 복수형인 them으로 고쳐야 한다.
(it → them) ▣ POINT 054

**해석** 저는 Ferrer 씨에 대한 추천서를 달라는 당신의 요청에 응답하여 이 글을 씁니다. 그녀는 저의 비서로 지난 3년간 일을 해 왔고 정말 훌륭한 직원이었습니다. 저는 그녀가 당신의 직업 설명 사항에 언급된 모든 필요 요건들을 충족하고, 실은 많은 방면으로 그 요구 조건들을 능가한다고 생각합니다. 저는 한 번도 그녀의 완벽한 정직함을 의심해 본 적이 없습니다. 저는, 그래서, Ferrer 씨를 당신이 광고한 그 직책에 추천하고자 합니다.

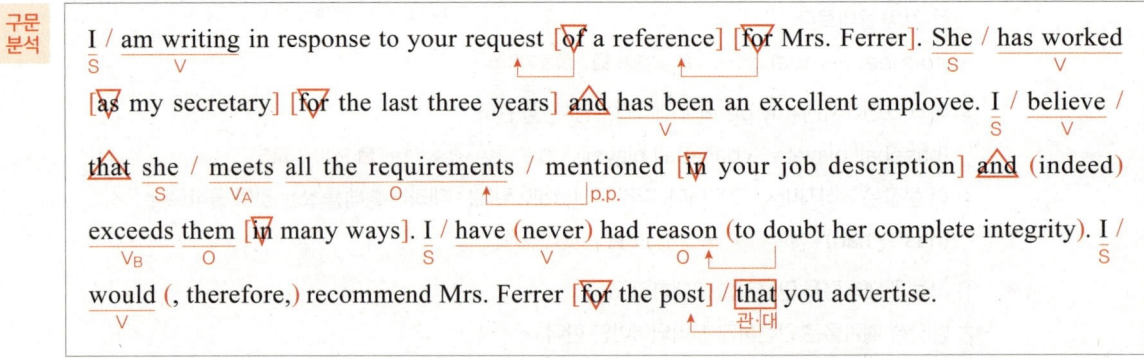

## 073 정답 ①

**정답 해설**

① '고려하다'를 의미하는 동사 consider 뒤의 목적어가 준동사일 경우에는 -ing 형태를 쓴다. 또한 '~에 지원하다'를 의미할 때에는 apply for를 쓴다. 올바른 표현이다. ▪ 2018 경찰 2차 📖 POINT 068

**오답 해설**

② 이 문장은 'he(주어) was(동사) released(p.p.)'의 완전한 2형식 문장 앞 부사 자리에 -ing 형태의 분사구문을 썼다. 분사구문의 주어가 생략된 것으로 보아, 주절의 주어 he와 분사구문의 주어가 동일함을 알 수 있다. 하지만 분사구문의 의미상 주어가 he라면 he와 no evidence가 동일한 것으로 해석되므로 문맥상 어색하다. 따라서 '~가 있다'를 의미하도록 there is/are를 써서 분사구문을 만들어 주는 것이 적절하다.
(Being → There being) ▪ 2019 경찰 1차 📖 POINT 077

③ '공급'의 동사 provide는 뒤에 Ⓐ with Ⓑ 또는 Ⓑ for Ⓐ를 써서, 'Ⓐ(사람)에게 Ⓑ(사물)를 공급하다'를 의미한다. 따라서 commodities와 refugees의 자리를 바꾸거나, 전치사를 for로 바꾼다.
(provided commodities with refugees → provided refugees with commodities / provided commodities for refugees) ▪ 2018 경찰 2차 [공급 동사] 📖 POINT 014

④ 동사 turn은 '~으로 변하다, ~이 되다'를 의미하는 자동사이므로 수동태로 쓸 수 없다.
(were turned → turned) ▪ 2019 경찰 1차 📖 POINT 062

**구문 분석**

① 유수는 그 회사에 지원하는 것을 고려하고 있다.
→ Yusoo / is considering applying for the company.
   S         V

② 불리한 증거가 없어서 그는 석방되었다.
→ There being no evidence [against him], he / was released.
   └ 분사구문                                S    V    C

③ 그 경찰서는 난민들에게 생활 필수품을 제공했다.
→ The police station / provided commodities for refugees.
   S                    V  └ provide B for A

④ 교통 신호등이 파란색으로 바뀌어 나는 출발했다.
→ The traffic lights / turned green and I / pulled away.
   S                   V      C        S    V

## 074  정답 ④

**정답 해설**

④ '~가 없다면'을 의미하는 if it were not for에서 if가 생략되어 주어와 동사가 도치(were it not for)되었다. 앞선 if절이 과거 시제로 쓰였고, 뒤에 이어진 주절 역시 시제 일치되어 과거 형태의 조동사 would가 쓰였다. ▪ 2018 지방직 9급(사복)

📖 POINT 095

**참고**

| ~가 없다면 | ~가 없었다면 |
|---|---|
| If it were not for | If it had not been for |
| = Were it not for | = Had it not been for |
| = But for | = But for |
| = Without | = Without |

**오답 해설**

① 전치사 of 뒤에 -ing 형태가 쓰였다. -ing는 능동으로, 타동사 elect 뒤에는 반드시 목적어가 있어야 한다. 그런데 이 문장은 electing 뒤에 목적어가 없으므로, 이를 수동의 형태로 고친다.
(electing → being elected) ▪ 2019 서울시 9급 추가 채용 📖 POINT 078

② 'Ⓑ 보다는 차라리 Ⓐ 하겠다'를 의미하는 would rather A than B 표현에서 A와 B는 모두 Ⓡ 형태로 쓰는 것이 올바르다.
(to be lying → lie / sitting → sit) ▪ 2019 서울시 9급 추가 채용 📖 POINT 034

③ contact는 '~와 접촉하다'를 의미할 때 타동사로 쓴다. 따라서 to를 삭제한다.
(contact to → contact) ▪ 2018 지방직 9급(사복) 📖 POINT 007

**해석**

① 그의 이름에도 불구하고 Freddie Frankenstein는 교육청의 일원으로 선출될 확률이 높다.
② 나는 지금 수업 시간에 앉아 있느니 차라리 인도의 해변에 누워 있겠다.
③ 제가 지난주에 드린 이메일 주소로 제게 연락 부탁드립니다.
④ 만일 물이 없었다면, 지구상의 모든 살아 있는 생명체들은 멸종할 것이다.

**구문 분석**

① [Despite his name,] Freddie Frankenstein / has a good chance [of being elected] [to the local school board].

② I / would rather to be lying [on a beach in India] than sit [in class right now].

③ Please contact me [at the email addres] / I gave you (last week).

④ Were it not for water, / all living creatures [on earth] / would be extinct.

## 075 정답 ②

**정답 해설**

② lay는 '놓여 있다, 눕다'를 의미하는 자동사 lie의 과거형(lie - lay - lain)이거나, 타동사 lay의 현재형 혹은 원형(lay - laid - laid)일 수 있다. 해당 부분에서 lay는 뒤에 목적어가 없고, 앞선 단수주어 Chaera와 수 일치되어 있지 않다. 따라서 자동사 lie의 과거형으로 보는 것이 적절하다. 📖 POINT 017

**오답 해설**

① 5형식의 보어 자리에서 ⑱/⑨를 판단하는 부분이다. make가 5형식으로 쓰였기 때문에 happily의 자리에는 목적격 보어가 와야 한다. 따라서 부사가 아니라 형용사 happy를 쓰는 것이 올바르다.
(happily → happy) 📖 POINT 024

③ 시간의 부사절에는 미래 시제 대신 현재 시제를 쓴다. 따라서 will retire가 아니라 retires를 쓰는 것이 올바르다.
(will retire → retires) 📖 POINT 056

④ 관계부사 where 뒤에는 완전한 절이 이어져야 하는데, 이 문장은 전치사 in의 목적어가 없는 불완전한 형태가 쓰였다. 따라서 in을 삭제하거나, where를 관계대명사 which로 고친다.
(where → which) 📖 POINT 116

**해석**
- 딸은 그녀의 부모를 기쁘게 만들었다.
- Chaera는 어제 침대에 누워서 낮잠을 잤다.
- 그가 다음 달에 은퇴할 때, 우리는 그에게 선물을 줄 것이다.
- 나무는 그들이 사는 장소에 적합해야만 했다.

**구문 분석**
- The daughter / made her parents happy.
  S        V₅      O      O.C
- Chaera / lay down [on the bed] and took a nap (yesterday).
  S       V(Ⓐ)                  등위(나열)   V(Ⓑ)
- When he / retires (next month), we / will give him a present.
  S       V                     S    V      간O  직O
- Trees / must be fitted [for the places] which they live in. ø
  S     V      C                         관·대  S   V   전

## 076 정답 ④

**정답 해설**

④ 미래를 나타내는 시간부사 tomorrow가 있으므로, 가정법 미래 형태로 'If + 주어 + should + Ⓡ + O/C, 주어 + would + Ⓡ + O/C'를 쓴 것은 올바르다. ▪ 2018 서울시 9급 추가 채용 📖 POINT 093

**오답 해설**

① consist with는 '~와 일치하다'를 의미하는 표현이다. 그런데 이 문장은 '~로 구성되다'를 의미하는 것이 적절하므로 consist of가 올바르다.
(with → of) ▪ 2019 경찰 1차 📖 POINT 006

② be familiar to 뒤에는 '사람'을 쓴다. 뒤에 '사물'을 쓸 때에는 be familiar with로 나타낸다. 이 문장은 뒤에 the computer software라는 '사물'이 있으므로 be familiar with로 쓰는 것이 올바르다.
(to → with) ▪ 2019 경찰 1차 [숙어 표현]

③ 사역동사 make의 수동태는 be made to ⓡ로 쓴다.
(come → to come) ▪ 2018 서울시 9급 추가 채용  📖 POINT 024

**해석**
① 그 위원회는 열 명의 위원들로 구성된다.
② 너는 그들이 사용하는 컴퓨터 소프트웨어에 익숙하니?
③ 제빵사들은 밀 소비 장려를 요구하면서 밖으로 나오도록 되어 왔다.
④ 만약 물건이 내일 배달되지 않으면, 그들은 이에 대해 불평을 할 것이다.

**구문 분석**

① The committee / consists of ten members.
       S          V

② Are you familiar with the computer software / they use?
   조   주                   명    S  V

③ Bakers / have been made to come out, asking for promoting wheat consumption.
    S      V       C            → 분사구문                 O

④ (If the item / should not be delivered (tomorrow)), they / would complain [about it].
     S            V                            S      V

## 077  정답 ④

④ 소유격 관계대명사 whose는 관사와 함께 쓸 수 없다. 따라서 whose를 접속사 that으로 고친다.
(whose → that) 📖 POINT 117

① its가 나오면 두 가지를 확인한다. '대명사 its의 수'와 'it's의 사용 여부'가 그것이다. 주어진 its는 앞선 명사 love를 가리키므로 단수 형태로 쓴 것이 올바르고, 동사 seek이 있으므로 소유격 its를 쓴 것 역시 적절하다. 📖 POINT 054

② -ing 형태의 providing이 명사 the most meaningful element를 후치 수식하는 위치에 쓰였다. -ing는 능동이므로 뒤에 목적어가 있어야 하는데, 뒤에 목적어 a source가 있으므로 올바른 표현이다. 📖 POINT 073

③ be동사가 나왔으므로 수를 확인한다. is의 주어는 앞선 The ability(단수)이다. (to have a healthy, loving relationship는 수식어구이다.) 따라서 단수동사 is는 올바른 표현이다. 📖 POINT 041

**해석** 사랑에는 여러 종류가 있지만, 대부분의 사람들은 양립할 수 있는 파트너와의 로맨틱한 관계에서 그 표현을 찾는다. 어떤 사람들에게는 낭만적인 관계가 깊은 성취감의 근원을 제공하는 인생의 가장 의미 있는 요소이다. 건강하고 애정 어린 관계를 맺는 능력은 선천적인 것이 아니다. 많은 증거들이 안정된 관계를 형성하는 능력은 유아기에, 아동의 보호자와의 초기 경험에서 시작된다는 것을 시사한다.

**구문분석**

There / are many kinds [of love], but most people / seek its expression [in a romantic relationship] [with a compatible partner]. [For some,] romantic relationships / are the most meaningful element [of life], providing a source of deep fulfillment. The ability (to have a healthy, loving relationship) / is not innate. A great deal of evidence / suggests / that the ability (to form a stable relationship) begins [in infancy], [in a child's earliest experiences] [with a caregiver].

## 078  정답 ②

**정답해설**

② "when a person will undergo a rite of passage"은 시간의 부사절로, 시간과 조건의 부사절에서는 현재(완료)가 미래(완료)를 대신하기 때문에 will을 쓰지 않는다. 따라서 will undergo을 undergoes로 고치는 것이 옳다. (will undergo → undergoes) 📖 POINT 056

**오답해설**

① between과 and를 어울려 써서 between Ⓐ and Ⓑ 구조를 쓴 것은 옳다. [전치사 between]
③ 조동사 does가 뒤의 Ⓡ 형태인 leave를 강조하는 역할로 쓰였다. [강조의 do]
④ "Ⓐ에서 Ⓑ로"를 의미하는 "from Ⓐ to Ⓑ"가 옳게 쓰였다. [숙어 표현]

**해석** 어떤 문화권에서는 유년기와 성인기 사이에 분명한 선을 긋는데, 이 선은 사람이 통과 의례를 받을 때 지나가진다. 이와는 대조적으로, Hollindale이 지적하듯이, 현대 서구에서 '유년기의 종말에 대한 공동체적이고 공식적인 인정은 자의적이고 의례적으로 무익하다, 그가 비록 '어떤 사람들은 어린아이에서 어른으로 단번에 움직인다'는 선택권은 남겨 둔다 할지라도, 예를 들면, 정신적으로 충격적인 경험의 경우에.

**구문분석**

Some cultures / draw a clear line [between childhood and adulthood], a line that is crossed when a person undergoes a rite [of passage]. (By contrast,) as Hollindale notes, in the contemporary West 'communal and official recognitions [of childhood's end] / are arbitrary and ritualistically barren', although he / does leave the option that 'some people move [from child to adult in one fell swoop], [in the case] [of traumatic experiences,] (for example).

## 079 정답 ③

**정답해설**

③ **POINT 1** 부정부사 Scarcely로 문장이 시작되어, 그 뒤에서 'had(조) we(주) reached(동)'로 도치가 발생했다.
**POINT 2** '~에 도달하다'를 의미하는 reach 뒤에 목적어 there를 전치사 없이 쓴 것은 올바른 표현이다.
**POINT 3** no sooner 대용으로 hardly 또는 scarcely를 쓰는 경우에, 접속사는 when이나 before를 쓴다. ▪ 2019 서울시 9급 추가 채용 📖 POINT 099 /POINT 007

**오답해설**

① 이 문장의 동사는 was이고, 주어는 앞선 the little boy이다. 그런데 그 앞 부사 자리에 had p.p. 형태가 쓰였다. 이 부사 자리에 주어가 없으므로 had p.p.는 분사구문이 되어야 하는데, 분사구문의 완료 형태로는 having p.p.가 적절하다. 그리고 부정어는 항상 '준동사 앞'에 위치해야 하므로, Had never flown을 Never having flown으로 고치는 것이 올바르다.
(Had never flown → Never having flown) ▪ 2019 서울시 9급 추가 채용 📖 POINT 077 /POINT 078

② 명사 people 뒤에 관계대명사 who로 연결된 관계대명사절이 이어진다. 관계대명사 뒤의 동사 is는 앞선 명사(선행사)와 수를 일치시킨다. 이 문장은 who 앞의 명사(선행사)가 people(복수)이므로 복수동사를 쓴다.
(is → are) ▪ 2018 지방직 9급(사복) 📖 POINT 116

④ '~하면 할수록 점점 더 ~해지다'를 의미하는 'the 비교, the 비교' 표현이다. '이 표현'에서는 양쪽 모두 비교급을 쓴다. 따라서 뒤의 최상급 worst를 비교급 worse로 고친다.
(worst → worse) ▪ 2018 지방직 9급(사복) 📖 POINT 083

**해석**

① 비행기를 한 번도 타 본 적이 없기 때문에, 이 소년은 귀가 멍해질 때 깜짝 놀라고 약간 무서웠다.
② 노트북은 사무실로부터 떨어져 있는 사람들이 일을 계속할 수 있도록 만들어 준다.
③ 우리가 거기에 도착하자마자 눈이 내리기 시작했다.
④ 그들이 그들의 실수를 설명하려고 더 많이 시도할수록, 그들의 이야기는 더 나쁘게 들렸다.

**구문분석**

① (Never) having flown [in an airplane] (before), the little boy / was surprised and (a little) frightened [when his ears popped].

② The laptop / allows people (who are away from their offices) / to continue to work.

③ (Scarcely) had we reached (there) when it began to snow.

④ The more they / attempted to explain their mistakes, the worse their story sounded.

## 080  정답 ②

**정답 해설**
② take ⑧ for granted는 '~을 당연시하다'의 의미로 올바르게 쓰였다. [숙어 표현]

**오답 해설**
① 주어진 문장은 '가주어(It) - 진주어(to부정사)' 구조이다. 그러므로 imagining을 동사원형 imagine으로 고쳐야 한다.
   (imagining → imagine)  POINT 079

③ result는 자동사로, 전치사 뒤에 목적어를 가질 수 있다. 문맥상 주어가 목적어를 초래한 것이므로, 인과 관계를 의미하는 result in을 써야 한다.
   (has resulted → has resulted in)  POINT 063

④ 해당 문장의 동사는 앞선 is이다. 따라서 ④의 affected는 준동사(p.p.)로 봐야 한다. 완전한 문장의 뒤 부사 자리에서 준동사 p.p.는 분사구문으로서, 수동의 의미이다. 뒤에 목적어(wilderness regions)가 있으므로 능동의 형태인 -ing로 고친다.
   (affected → affecting)  POINT 077

**해석** 숲의 아름다움과 풍부함이 없는 삶은 상상하기 어려울 것이다. 그러나 과학자들은 우리가 숲을 당연하게 여기면 안 된다고 경고한다. 몇몇 추산에 따르면, 삼림 벌채는 전 세계의 원시림의 80퍼센트 정도가 손실되는 결과를 가져왔다. 최근에, 삼림 벌채는 세계적인 문제이며, 태평양의 온대 강우림과 같은 야생 지역들에 영향을 미치고 있다.

**구문 분석**
It / would be difficult / to imagine life [without the beauty and richness] [of forests]. But scientists / warn we / cannot take our forest for granted. [By some estimates,] deforestation / has resulted in the loss [of as much as eighty percent] [of the natural forests] [of the world]. (Currently,) deforestation / is a global problem, / affecting wilderness regions (such as the temperate rainforests) [of the Pacific].

## 081  정답 ②

**정답 해설**
② 이 문장은 '~이지만'을 의미하는 양보절 구문으로, '⑧/⑨ as 주어 + 동사'의 도치된 형태로 쓴다. 따라서 2형식 동사 was의 보어로 형용사 hot을 쓴 것은 올바르다. 1형식 동사 slept 뒤에 부사(soundly)를 쓴 것 또한 적절하다. ■ 2019 경찰 1차
   POINT 096

**오답 해설**
① deeply는 '아주, 대단히'를 의미하고, deep은 '깊은, 깊게'를 의미하며 '높낮이'를 나타낼 때 쓴다. 따라서 deeply를 deep으로 고친다.
   (deeply → deep) ■ 2018 경찰 2차  POINT 110

③ 주장·명령·요구·제안의 동사 order 뒤에서 that절의 동사는 should ®이나 ®의 형태를 써야 한다.
   (was remanded → should be remanded / be remanded) ■ 2018 경찰 2차  POINT 028

**TIP**

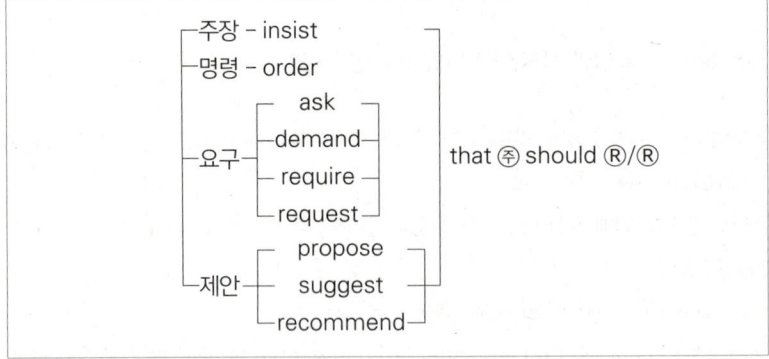

④ **POINT 1** '실종된'을 의미할 때에는 missing으로 쓴다.

(missed → missing)

**POINT 2** 과거를 나타내는 시간부사(Last night)와 현재완료 시제는 함께 쓸 수 없다.

(have said → said) ▪ 2019 경찰 1차 **POINT 072** (포인트1)/**POINT 058** (포인트2)

**구문분석**

① 그는 물속으로 깊이 잠수했다.
→ He / dived (deep) [into the water].
　　S　　V

② 밤공기가 뜨거웠지만 그들은 푹 잤다.
→ Hot as the night air was, they / slept soundly.
　(형)　　　　S　　　V₂　　　S　　V₁　(부)

③ 판사는 죄수가 재구속되어야 한다고 명령했다.
→ The judge / ordered that the prisoner / (should) be remanded.
　　S　　　V　　　　　　S　　　　　　V

④ 어젯밤에 경찰은 행방불명된 소녀를 찾았다고 말했다.
→ (Last night) the police / said that they had found the missing girl.
　　부사　　　　S　　　V　　　S　　V　　　　　O

---

**082** 정답 ④

**정답해설**

④ 5형식 동사 find는 'find + it(가목적어) + 목적격 보어 + to Ⓡ(진목적어)'의 어순을 취한다. 따라서 wait을 to wait으로 고치는 것이 올바르다.

(wait → to wait) **POINT 003**

**오답해설**

① twisted는 5형식 동사 find의 목적격 보어를 p.p. 형태로 쓴 것이다. 뒤에 목적어가 없고, 혀가 '꼬이는(수동)' 것이므로 p.p. 형태로 쓴 것은 올바르다. **POINT 064**

② 해당 부분은 '-(명)(단수)-' 표현이다. 단위명사는 이처럼 단수 형태로 쓴다. **POINT 048**

③ 명사 뒤에서 that이 관계대명사로 쓰였으므로, 뒤에 주어가 빠진 불완전한 문장이 온 것은 올바르다. **POINT 118**

**해석** 당신의 6살 된 딸에게 텔레비전에 광고되는 놀이공원에 갈 수 없는 이유를 설명하면서 당신의 혀가 꼬이는 것을 발견할 때, 당신은 우리가 왜 기다리기가 힘들다고 하는지 이해하게 될 것이다.

**구문 분석**

/ When you / find your tongue twisted (as you / seek to explain to your six-year-old daughter / why she can't go to the amusement park that has been advertised [on television],) (then) you / will understand / why we / find it difficult to wait.
└→ 가목적어   진목적어

---

**083**  **정답** ④

**정답 해설**
④ '~하는 것을 멈추다'를 의미하는 stop -ing가 올바르게 쓰였다. 문맥상 컴퓨터가 '(무언가를) 고치는(능동)' 것이 아니라, '고쳐지는(수동)' 것이므로, 유도동사 get 뒤에 수동의 형태로 p.p.를 쓴 것은 올바르다. ▪ 2017 지방직 9급 추가 채용
📖 POINT 069 /POINT 025

**오답 해설**
① 주장·명령·요구동사인 demand 뒤의 that절에서 동사는 'should + Ⓡ' 또는 Ⓡ으로 쓴다. 따라서 police box (should) not be closed로 고친다.
(was not closed → (should) not be closed) ▪ 2018 경찰 1차  📖 POINT 028
② 소유격 관계대명사 whose 뒤에는 일반명사를 쓰며, 대명사는 쓸 수 없다. 또한 타동사 respect 뒤에 목적어가 없으므로, 목적격인 whom(who)으로 고친다.
(whose → whom) ▪ 2018 경찰 1차  📖 POINT 117
③ accompany는 타동사로, 전치사를 쓰지 않고 뒤에 바로 목적어가 온다. 따라서 with를 지우는 것이 올바르다.
(with → ø) ▪ 2017 지방직 9급 추가 채용  📖 POINT 007

**구문 분석**

① 시민들은 그 파출소가 폐쇄되어서는 안 된다고 요구했다.
→ Citizens / demanded that the police box (should) not be closed.

② 우리가 가장 존경했던 선생님께서 지난달에 은퇴하셨다.
→ The teacher / [whom we / respect (most)] / retired (last month).

③ 내가 산책에 같이 갈 수 있는지 네게 알려줄게.
→ I / will let you know (if I can accompany you [on your walk]).

④ 내 컴퓨터가 작동을 멈췄을 때, 나는 그것을 고치기 위해 컴퓨터 가게로 가져갔어.
→ (When my computer / stopped working,) / I / took it [to the computer store] [to get it fixed].
부사적 용법: ~하기 위해서

## 084

**정답** ④

**정답 해설** ④ 접속사 since 뒤에 문장(moisture on its surface(주어) encourage(동사))이 이어졌다. 따라서 동사 encourage의 주어는 moisture on its surface로 단수이므로, encourage 역시 단수 형태인 encourages로 고친다. (encourage → encourages) 📖 POINT 041

**오답 해설** ① '머무르다, 유지하다'를 의미하는 stay가 2형식으로 쓰여 뒤에 형용사 보어 fresh가 왔으므로, 올바른 표현이다. 📖 POINT 005

② 명사 compartment 뒤에 which가 쓰여 관계대명사가 되었다. 관계대명사 which 뒤에 주어가 빠진 불완전한 문장이 이어진 것은 올바르다. 📖 POINT 116

③ 접속사 before 뒤에 -ing 형태가 쓰여 분사구문이 되었다. -ing 형태는 능동이므로, 뒤에 목적어 it을 쓴 것은 올바르다. 📖 POINT 077

**해석** 만약 적절히 보관된다면, 브로콜리는 4일까지 신선할 것이다. 신선한 브로콜리 송이들을 저장하는 최선의 방법은 열린 비닐백에 브로콜리 송이들을 넣고, 야채 칸에서 냉장 보관하는 것인데, 이는 적당한 습도와 공기의 균형을 맞추고, 비타민 C의 보존을 도울 것이다. 브로콜리 표면의 수분이 곰팡이 증식을 도울 것이기 때문에 브로콜리를 저장하기 전에 씻지 마라.

**구문 분석**

(If (properly) stored,) broccoli / will stay fresh [for up to four days]. The best way (to store fresh bunches) is (to refrigerate them) [in an open plastic bag] [in the vegetable compartment], which will give them the right balance [of humidity and air], and help preserve the vitamin C content. Don't wash the broccoli / before storing it / since moisture [on its surface] / encourages the growth [of mold].

## 085

**정답** ②

**정답 해설** ② be allowed to ® 형태로 올바르게 쓰였다. 수동태 뒤에 목적어가 빠져 있고, 문맥상 접근하는 것이 '허용되지 않는다'는 수동의 의미가 되어 자연스럽다. 📖 POINT 062

**오답 해설** ①, ②와의 차이는 '태'이다. ①은 능동이고 ②는 수동이며, 능동으로 쓰는 경우에는 뒤에 목적어가 와야 한다. 그런데 ①은 동사원형인 allow 뒤에 또 have라는 동사원형을 쓴 것이므로 틀린 표현이다.

③, ④ 빈칸은 주어 people의 동사 자리이다. (who ~ adopted는 people을 수식하는 관계사절이다.) 주어가 people(사람들)로 복수이므로, 동사도 수 일치하여 복수 형태로 써야 한다. 따라서 동사가 단수 형태인 ③, ④는 답이 될 수 없다.

**해석** 일반적으로, 입양된 사람들은 그들의 파일에 접근하도록 허용되지 않는다.

**구문 분석**

(Usually,) people / who have been adopted / are not allowed (to have access to their files).

## 086  정답 ③

**정답 해설**
③ to which는 the extent를 선행사로 가지며, '전치사+관계대명사'의 형태로 올바르게 쓰였다. 참고로 after 이후의 문장은, Blue Planet Ⅱ showed the extent(after 전후 두 절의 주어가 동일하므로 주어가 생략되고 -ing 형태로 표현)와 plastic affects the ocean to the extent 두 문장을 관계대명사 which로 연결한 구조이다.
📕 POINT 116

**오답 해설**
① 명사 뒤에서 -ing가 쓰여 후치 수식 구조가 되었다. 후치 수식 구조에서 -ing는 능동으로 되어 목적어가 있어야 하는데 없으므로 수동의 형태인 p.p.로 쓴다.
(producing → produced) 📕 POINT 073
② 동사 leave가 5형식으로 쓰였으며, 프로그램으로 인해 시청자들이 '슬퍼진(수동)' 것이다. 그러므로 능동형 heartbreaking(가슴을 찢어지게 하는)이 아니라 수동형 heartbroken(슬픔에 잠긴)으로 고쳐야 한다.
(heartbreaking → heartbroken) 📕 POINT 022
④ 문맥상 플라스틱이 바다를 '초래하는(effect는 동사로 '가져오다'를 의미)' 것이 아니라, 바다에 '영향을 미치는 (affect는 '영향을 미치다'를 의미)' 것이므로 effects를 affects로 고쳐야 한다.
(effects → affects) 📕 POINT 019

**해석** BBC에 의해 제작된 자연 다큐멘터리 Blue Planet Ⅱ는 플라스틱이 바다에 영향을 미치는 정도를 방영한 후 시청자들을 슬프게 만들었다.

**구문 분석**
Blue Planet II( , a nature documentary produced by the BBC , ) / left viewers heartbroken [after showing the extent] to which plastic / affects the ocean.

## 087  정답 ④

**정답 해설**
㉠ lay는 자동사 'lie'(놓여 있다)의 '과거형'이거나 타동사 'lay'(놓다, 두다)의 '현재형'일 수 있다. 이 문장은 뒤에 목적어 her book이 있으므로, 타동사 lay의 현재형으로 봐야 한다. 그런데 앞선 주어가 Seohee(단수)이므로, 현재형을 쓰고자 했다면 3인칭 단수의 현재형인 lays로 수 일치가 되어야 했다. 따라서 수일치하여 lays를 쓰거나, lay의 과거형인 laid를 쓰는 것이 올바르다. 📕 POINT 017
㉡ '금지하다'를 의미하는 동사는 '금지동사 Ⓐ from Ⓑ-ing'의 형태로 쓴다. 📕 POINT 009

**해석**
• 서희는 그녀의 책을 책상에 놓았다.
• 폭설은 우리가 야구를 하지 못하게 하였다.

**구문 분석**
• Seohee / laid her book [on the table].
• The heavy snow / prevented us from playing baseball.
  prevent Ⓐ from Ⓑ-ing

## 088  정답 ③

**정답해설**  so ~ that 구문에서 that절 이하 주절의 시제는 would have p.p.로, 가정법 과거완료 형태를 썼음을 알 수 있다. 주절 앞의 빈칸에는 가정법 표현이 와야 하므로, if there had been ~의 문장에서 if를 생략하고 '조주동' 형태로 쓴 had there been이 가장 적절하다. ▣ POINT 091 / POINT 094

**해석**  Rachel은 그녀의 상사들에게 너무나 많이 깊은 인상을 남겨서 만약 자리가 남아 있었다면, 그들은 그녀를 즉시 승진시켰을 것이다.

**구문분석**
Rachel / impressed her superiors so much that had there been a position available, they / would have promoted her (immediately).

## 089  정답 ④

**정답해설**  ④ 앞선 had는 동사로 쓰였고, 이는 준동사 자리이다. 언뜻 had가 사역동사로 보여서 ⓡ의 형태가 맞다고 생각할 수 있다. 하지만 사역동사라면 앞선 the same disease와 begin이 '주-술 관계'가 되어야 하고, had는 '시키다'를 의미하게 된다. 그러나 내용상 '같은 질병이 시작하도록 시키다'라는 의미는 어색하므로, begin을 beginning으로 고쳐서 '11월 중순에 시작된 동일한 질병을 갖고 있다'를 의미하도록 한다.
(begin in → beginning in)  ▣ POINT 073

**오답해설**  ① fall-fell-fallen의 변화에 따라 have fallen ill로 썼으므로 옳은 표현이다.
② 전문가들이 '의심을 하는(능동)' 것이므로 옳은 표현이다.
③ another 뒤에 단수명사를 쓰는 것이 일반적인 원칙이지만, another이 뒤에 '수사'와 함께 쓰이거나 another of 몡(복수) 형태인 경우에는 복수명사를 쓴다. another이 뒤에 수사와 함께 쓰이는 경우에는 another가 extra 혹은 additional 정도를 의미하며, 뒤의 수사에 따라 복수명사가 붙는 것으로 볼 수 있다. [another의 쓰임]

**해석**  지난 3주 동안 150명 이상의 사람들이 병에 걸렸으며, 대부분은 홍콩과 베트남 사람들이다. 그리고 전문가들은 중국의 광둥 지방에 있는 또 다른 300명의 사람들이 11월 중순에 시작된 동일한 질병을 앓았다고 의심한다.

**구문분석**
(More than) 150 people / have fallen ill (, (mostly) [in Hong Kong and Vietnam],) [over the past three weeks]. (And) experts / suspect / that another 300 people [in China's Guangdong province] / had the same disease / beginning [in mid-November].

## 090 정답 ④

**정답해설** ④ 빈칸은 완전한 문장 앞의 부사 자리로, 알맞은 분사구문 형태를 골라야 한다. 빈칸에 seen이 들어가면 부사 자리에 p.p. 형태를 쓴 분사구문인데, p.p. 뒤에는 목적어를 쓸 수 없다. 주어진 빈칸 뒤에 목적어가 빠져 있고, 분사구문의 주어는 it(chameleon)인데, it이 가리키는 카멜레온은 '보여지는(수동)' 것이다. 따라서 p.p. 형태가 올바르게 쓰였음을 알 수 있다. 📖 POINT 077

**오답해설** ① seeing은 능동의 형태인데, 이처럼 타동사를 능동으로 쓰는 경우에는 뒤에 목적어가 있어야 한다. 그런데 이 문장은 빈칸 뒤에 목적어가 없으므로 틀렸다.
② 'they(주어) are(동사) seen(p.p. 보어)'의 완전한 2형식 문장이 되어 부사 자리에 쓸 수 없다.
③ to ⓡ 형태가 부사 자리에 쓰이면 '~하기 위해서' 등의 의미가 되므로, 문맥상 답이 될 수 없다.

**해석** 카멜레온의 위장은 매우 효과적이다. 결론적으로, 멀리서 보면, 그것은 그것의 환경과 구별되지 않는다.

**구문분석**
The chameleon's camouflage / is (very) effective. (As a result,) seen [from a distance], it / is
　　　　　S　　　　　　　　　V　　　　　C　　　　　　　　　　　　　p.p.　　　　　　　　S　　V
　　　　　　　　　　　　　　　　　　　　　　　　　　　　　　　　　　　(분사구문)
indistinguishable [from its environment].
　　　C

## 091 정답 ③

**정답해설** ③ say 동사는 뒤에 to ⓐ 혹은 that S + V + O/C를 쓴다. 따라서 that을 쓴 것은 옳다. 📖 POINT 013

[말하다 동사]

| say | to ⓐ<br>that S + V + O/C |
|---|---|
| tell | ⓐ ⓞ<br>that S + V + O/C<br>to ⓡ + O/C |
| talk | to/with ⓐ |
| speak | to ⓐ |

**오답해설** ① according as는 접속사로 뒤에 S + V 구조의 문장이 뒤따라야 한다. 하지만 뒤에 ⓝ인 a recent report가 쓰였으므로, 같은 의미의 전치사인 according to로 고치는 것이 옳다.
(according as → according to) 📖 POINT 108
② found는 '설립하다'를 의미하는 동사이므로, 문맥상 '발견하다'를 의미하는 동사인 find가 와야 한다. 또한 사실이 '발견한 (능동)' 것이 아니라 '발견된(수동)' 것이므로, 수동의 형태인 was found로 고친다.
(founded → was found)
(* 참고 find-found-found / found-founded-founded) 📖 POINT 018

④ 대명사 "it"이 나온 경우, 어떠한 것을 받고, 수 일치가 잘 되었는지 확인해야 한다. 해당 문장에서 its는 "most of its local hosts"(복수)를 지칭한다. 따라서, 복수 형태인 their를 쓴다.

(its → their) 📖 POINT 054

**해석** 최근 보고에 따르면, 뉴욕에 있는 에어비엔비 리스트의 4분의 3은 불법이었다. 그들은 또한 상업적인 사업자들이 — 광고 속의 중산층 뉴요커가 아닌 — 독점적으로 에어비엔비 투숙객들에게 공간을 빌려주면서 많은 돈을 벌고 있었음을 발견했다. 지난주에 선출된 공무원들에게 보내진 편지 안에서, 에어비엔비는 그것의 지역 호스트들의 대부분은 — 87퍼센트 — "그들의 명세서를 지불하고, 그들의 집에 머물기 위해" 그들의 공간을 어쩌다 대여한 거주자들이라고 말했다.

**구문분석**

[According to a recent report,] three quarters of Airbnb listings [in New York City] / were illegal. It (also) / was found / that commercial operators (— not the middle-class New Yorkers in the ads —) were making millions renting spaces (exclusively) [to Airbnb guests]. [In a letter] / sent to elected officials (last week), Airbnb / said / that most of its local hosts (— 87 percent —) / were residents (who rented their spaces (infrequently) "to pay their bills and stay in their homes.")

## 092 정답 ①

**정답해설**
① 최상급 표현인 happiest 앞에 정관사 the가 없이 쓰였다. '동일인 비교'의 경우에는 정관사 the를 쓰지 않으므로 올바른 표현이다. ▪ 2018 경찰 1차 📖 POINT 083

**오답해설**
② '더 우월한'을 의미하는 「라틴어 비교급」 'superior' (to)는 비교급 more와 함께 쓰면 의미가 중복된다. 따라서 more를 지워야 한다.

(more → ø) ▪ 2018 경찰 1차 📖 POINT 088

③ 앞선 가정법 주절의 동사가 would have p.p로 대과거로 쓰였다. 따라서 if절 역시 대과거의 형태인 had+p.p로 쓴다. 따라서 if절의 동사는 hadn't로 고쳐야 한다.

(haven't → hadn't) ▪ 2017 지방직 9급 추가 채용 📖 POINT 092

④ the movie는 '지루함을 느끼는(수동)' 것이 아니라 나를 '지루하게 하는(능동)' 것이므로 boring으로 고치는 것이 올바르다.

(bored → boring) ▪ 2017 지방직 9급 추가 채용 📖 POINT 075

**구문분석**

① 서희는 가족과 함께 있을 때 가장 행복하다.
→ Seohee / is happiest / when she / is [with her family].
　　S　　　V　　C　　　　S　　V

② 새로운 관리자는 이전 관리자보다 더 우수하다.
→ The new manager / is superior to the old one.
　　　S　　　　　　V

③ 내가 열쇠를 잃어버리지 않았더라면 모든 것이 괜찮았을 텐데.
→ Everything / would have been OK (if I hadn't lost my keys).
　　S　　　　V　　　　　　　C　　　S　　V　　　O

④ 그 영화가 너무 지루해서 나는 삼십 분 후에 잠이 들었어.
→ The movie / was (so) boring that I fell asleep [after half an hour].
　　S　　　V　　　so~that　　C　　S　V　　C

---

**093**　정답　④

**정답해설**
④ 「시간과 조건의 부사절」에서는 '미래 시제'를 쓰지 않고 '현재 시제'를 쓴다. 따라서 현재 시제인 leaves는 올바른 표현이다. ▪ 2018 경찰 2차　📖 POINT 056

**오답해설**
① 관계대명사 that은 전치사 뒤에 쓰지 않는다. 따라서 which로 고친다.
(in that → in which) ▪ 2017 국가직 9급　📖 POINT 118

② 역사적 사실은 항상 과거 시제로 쓴다. 따라서 대과거 형태인 'had broken'을 'broke'로 고친다.
(had broken → broke) ▪ 2017 국가직 9급　📖 POINT 061

③ 지각동사 watch는 타동사이므로 그 뒤에 목적어가 있어야 하는데, 이 문장에는 뒤에 목적어가 없다. 그리고 문맥상 주어 the game이 '(무언가를) 보는(능동)' 것이 아니라, '보여지는(수동)' 것이므로 수동의 형태인 was watched를 쓴다.
(watching → watched) ▪ 2018 경찰 2차　📖 POINT 023

**해석**
① 내가 관심을 갖고 있는 스포츠 경기는 축구이다.
② Jamie는 그 책으로부터 1차 세계 대전이 1914년에 발발했었음을 배웠다.
③ 그 경기는 경기장 밖의 거대한 스크린으로 시청됐다.
④ 기차가 5분 안에 떠나지 않는다면 우리는 절대로 회의에 도착하지 못할 것이다.

**구문분석**

① The sport / (in which) (I / am most interested) / is soccer.
　　S　　　　(전+관·대)　S　　V　　　　C　　V　C

② Jamie / learned [from the book] / that World War I / broke out [in 1914].
　　S　　　V　　　　　　　　　　　　　　　S　　　　　V

③ The game / was watched [outside the stadium] [on a huge screen].
　　S　　　　V

④ We / will (never) get to the meeting / unless the train / leaves [within five minutes].
　　S　　V　　　　　　　　　　　　　　　　S　　　V

## 094 정답 ①

**정답해설**
① mean이 -ing 형태와 함께 쓰여 '~을 의미하다'를 뜻한다(mean to ⓡ은 '~을 의도하다'를 의미). get은 유도동사로서 뒤에 목적어(to ⓡ(능동)/p.p.(수동))를 쓸 수 있는데, 주어진 목적어 stuff가 '무언가를 하는(능동)' 것이 아니라 '행해지는(수동)' 것이다. 그러므로 수동의 형태인 p.p.를 써야 한다. ■ POINT 069 /POINT 025

**오답해설**
② 관계대명사 소유격 whose 뒤에는 반드시 명사를 쓴다. 뒤에 주어가 빠진 문장이 이어지므로 「주격 관계 대명사」 who를 쓴다.
(whose → who) ■ POINT 116

③ 앞선 that은 관계대명사로, 선행사 issues가 관계대명사절의 주어이다. 주어가 복수이므로 동사도 복수형인 interest or concern을 써서 수를 일치시켜 주어야 한다. 한편 interest와 concern은 감정동사(타동사)로, 뒤에 사람목적어 (you)를 쓴다. ■ POINT 116
(interests or concerns → interest or concern)

④ whether와 if는 모두 '~인지 아닌지'의 의미로 쓰일 수 있다. 그런데 whether는 전치사의 목적어가 될 수 있지만, if는 전치사의 목적어가 될 수 없다. 그러므로 if를 whether로 고쳐야 한다.
(if → whether) ■ POINT 125

**해석** 집중은 어떤 일을 해내는 것이다. 많은 사람들이 훌륭한 생각을 가지고 있지만, 그것을 실행에 옮기지는 않는다. 나에게, 기업가의 정의는, 예를 들어, 새로운 생각을 실행할 수 있는 능력과 함께 혁신과 독창성을 결합하는 사람이다. 어떤 사람들은 생각하기를, 삶에서 중심적인 이분법은 당신의 흥미 혹은 걱정을 불러일으키는 이슈에 대해 당신이 긍정적이냐 혹은 부정적이냐에 대한 것이다. 낙관적인 인식을 가지는 것이 나을지, 부정적인 인식을 가지는 것이 나을지에 대한 문제에 많은 관심을 기울인다. 나는 우리가 그것에 대해 어떤 것을 할 것이냐 혹은 인생이 그냥 당신을 지나치게 할 것이냐를 묻는 질문이 더 낫다고 생각한다.

**구문분석**
Focus / means getting stuff done. A lot of people / have great ideas but don't act [on them]. [For me,] the definition [of an entrepreneur], (for instance,) / is someone / (who can combine innovation and ingenuity [with the ability] (to execute that new idea). Some people / think that the central dichotomy [in life] / is (whether you're positive or negative) [about the issues] / that interest or concern you. There's / a lot of attention / paid to this question [of whether it's better to have an optimistic or pessimistic lens]. I / think / the better question (to ask) is / whether you / are going to do something [about it] or (just) let life pass you by.

## 095 정답 ③

**정답해설**

③ **POINT 1** '일하다, 작용하다'를 의미하는 동사 work의 주어는 앞선 The software developer(단수)이다. 따라서 단수동사 works를 쓴 것은 올바르다.
**POINT 2** 등위접속사 and를 중심으로 같은 형태의 to ®(to maximize/to reduce)을 썼다. ▪ 2018 지방직 7급
📖 POINT 002 (포인트2)

**오답해설**

① 주어인 The extent에 맞춰 단수동사인 astounds로 고쳐야 한다.
(astound → astounds) ▪ 2017 국가직 9급 추가 채용 📖 POINT 041

② 동사 approve는 타동사이므로 뒤에 목적어가 와야 한다. 그런데 이 문장은 수동의 의미이므로 has not been approved로 고치는 것이 올바르다.
(has not approved → has not been approved) ▪ 2017 국가직 9급 추가 채용 📖 POINT 064

④ 전치사 despite는 그 뒤에 또다른 전치사 of를 쓰지 않는다.
(of → ∅) ▪ 2018 지방직 7급 📖 POINT 108

**해석**

① 다양한 주제에 대한 Mary의 지식의 범위는 나를 놀라게 한다.
② 당신의 대출 신청서가 승인되지 않았다는 것을 알려 드리게 되어 유감입니다.
③ 소프트웨어 개발자는 사용자들의 편의를 최대화하고 결과를 방해하는 버그를 줄이기 위해 일한다.
④ 개인의 가정들과 편견들의 장벽에도 불구하고, 텍스트를 읽는 도전은 그것이 무엇을 의미하는지에 대해 깊은 이해를 얻는 것이다.

**구문분석**

① The extent [of Mary's knowledge] [on various subjects] / astounds me.

② I / regret to inform you that your loan application / has not been approved.

③ The software developer / works to maximize user-friendliness and to reduce bugs (that impede results).

④ A challenge [in reading a text] / is (to gain a deep understanding) [of what the text / might mean], [despite the obstacles] [of one's assumptions and biases].

## 096 정답 ④

**정답 해설** ④ 현재완료(have p.p.) 표현이 have to ⓡ(~해야 한다)과 함께 쓰였다. 주어가 한 사람(Nyerere)이므로 단수 동사 has는 올바르게 쓰였고, 그 뒤에 동사 have의 과거분사 형태인 had가 쓰인 것도 적절하다.

**오답 해설** ① which 뒤의 the discussion ~ occurred가 완전한 절이고, 앞선 the fact에서도 알 수 있듯이, which 자리에는 관계대명사가 아니라 동격의 that이 와야 한다. 그러므로 which를 that으로 고쳐야 한다.
  (which → that)  POINT 116 /POINT 118

② 현재완료 수동태에서 hardly는 부정어구로 올바르게 쓰였지만, occur는 자동사로서 수동태로 쓰지 않는다. 그러므로 been을 삭제해야 한다.
  (has hardly been occurred → has hardly occurred)  POINT 063

③ 'the number of+몡'는 '몡의 수'를 의미하며, the number에 수를 일치시켜서 단수동사와 함께 쓴다. 'a number of+몡'는 '많은 몡'를 의미하며, 뒤에 복수명사가 오기 때문에 복수동사와 함께 쓰인다. 앞서 복수동사 have가 쓰였으므로, the number of가 아니라 a number of를 써야 한다.
  (the number of → a number of)  POINT 043

**해석** 1961년 독립 이후로 몇 년 동안 그의 생존은 진정한 정치적 선택에 대한 공적인 토론이 거의 일어나지 않았다는 사실을 바꾸지 않았다. 사실, Nyerere가 NEC를 통해서 주장해야만 했던 많은 중요한 정치적 이슈들이 항상 있어 왔다.

**구문 분석**

His survival [over the years] [since independence] [[in 1961] / does not alter the fact that the discussion [of real policy choices] [in a public manner] / has (hardly) occurred. (In fact), there / have always been a number of important policy issues / which Nyerere / has had to argue [through the NEC].

## 097 정답 ④

**정답 해설** ④ '전혀 생각하지 못했다는 것'이 과거이고, '유명한 음악가가 된 것'은 '생각하지 못한 것(과거의 일)'보다 더 먼저 일어난 일이므로, 대과거로 표현해야 한다. 즉 'Hardly + had + 주어 + p.p.(Hardly로 인한 도치)'의 형태로 고치는 것이 올바르다.
  (Hardly did I dream → Hardly had I dreamed) ▪ 2018 지방직 7급  POINT 099

**오답 해설** ① all 뒤에 불가산 명사를 쓰는 경우는 단수 취급한다. ▪ 2018 지방직 9급(사복)  POINT 049

② '~했어야 했는데(실제로는 안 했다)'를 의미할 때에는 should have p.p.를 쓴다. ▪ 2018 지방직 9급(사복)  POINT 027

③ '확실히 ~하다'를 의미하는 be sure to ⓡ 표현이 동사원형으로 시작되는 명령문으로 쓰였다. ▪ 2018 지방직 7급

### 구문분석

① 모든 정보는 거짓이었다.
→ All [of the information] / was false.

② 토마스는 더 일찍 사과했어야 했다.
→ Thomas / should have apologized (earlier).

③ 내일 아침 일찍 저를 반드시 깨워 주세요.
→ Be sure to wake me up (early) (tomorrow morning).

④ 나는 그가 그렇게 유명한 음악가가 되리라고는 전혀 생각하지 못했다.
→ Hardly had I dreamed before he became such a famous musician.

---

## 098  정답 ①

**정답해설**
① 가정법에서는 시간부사를 꼭 확인해야 한다. 가정법에서 동사의 시제는 시간부사의 시제보다 [-1]하여 쓴다. if절에 시간부사 yesterday(과거)가 있으므로, 동사의 시제는 그보다 [-1]해서 대과거(과거완료)로 쓴다. 따라서 had been과 would have visited는 올바른 표현이다. ▪ 2017 국가직 9급 추가 채용 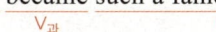 POINT 091

**오답해설**
② 동사 allow는 to 과 함께 써야 한다. using을 use로 고친다.
(allowed to using → allowed to use) ▪ 2017 국가직 9급 추가 채용 POINT 025

③ and로 인한 병렬 구조임을 파악해야 한다. 앞선 interested in과 이어지도록 enhancing으로 되어 있으니, 병렬 구조임을 파악해 design이 아닌 designing으로 고쳐야 한다.
(design → designing) ▪ 2018 지방직 7급 POINT 002

④ 비교접속사 than 뒤에서 도치가 발생했다. 대동사 do를 앞선 동사들과 마찬가지로 "다윈이 살았던 시대", 즉 과거에 맞춰 did로 고쳐야 한다.
(do → did) ▪ 2018 지방직 7급 POINT 115

**해석**
① 그녀가 어제 집에 있었다면, 나는 그녀를 방문했을 것이다.
② 학부생들은 연구실에 있는 장비를 사용하지 못한다.
③ 이 책은 학생들이 이해하는 것을 더 강화하고, 좀 더 효과적인 커리큘럼을 디자인하는 것에 흥미가 있는 신입 또는 베테랑인 교육자들을 위해 의도된 것이다.
④ 다윈은 당시의 영국의 전문가들이 알던 것보다 Beagle 여행에서 그가 모았던 다양한 종들에 대해서 훨씬 덜 알았다.

> **구문분석**
> 
> ① (If she / had been [at home] (yesterday),) I would have visited her.
>    S    V₁           시간              S    V         O
> 
> ② Undergraduates / are (not) allowed / to use equipments [in the laboratory].
>    S              V         C         부사적 용법: ~하도록
> 
> ③ This book / is intended [for educators](, new or veteran,) interested [in enhancing student
>    S         V    C                                          p.p.
>    understanding and designing more effective curricula].
> 
> ④ Darwin / knew far less [about the various species he collected [on the Beagle voyage] than
>    S       V                              ⑲         S    V
>    did experts [in England].
>    V

**099** 정답 ①

**정답해설** ① 동사 emerges는 주어 what의 동사이다. what은 단수 취급하므로 동사 또한 단수 형태로 쓴 것은 올바르다.
📖 POINT 119

**오답해설** ② "방법"의 의미인 the way와 how를 같이 쓰면, 의미 중복으로 인해 틀린 문장이 된다. 따라서 둘 중 하나만 써야 하며 뒤에 'the moral self(주어) motivates(동사) our ethical actions(목적어)'의 완전한 3형식 문장이 쓰였으므로 how 대신 전치사 + 관계대명사 형태인 in which 정도로 고치는 것이 옳다.
(how → in which) 📖 POINT 113

③ 이 tests는 동사 형태로, 주어 researchers(복수)와의 수 일치가 틀렸다. 이 자리에는 등위접속사 and를 중심으로 주어 researchers의 동사 have been modeling과 동일한 형태가 나열되어야 한다. 따라서 -ing 형태로 고치는 것이 올바르다.
(tests → testing) 📖 POINT 002

④ 관계대명사 what은 앞에 ⑲을 두지 않는다. 하지만 앞에 notion이라는 ⑲이 있으므로 관계대명사 what을 쓸 수 없으며 해당 문장의 경우 notion을 설명해주는 동격의 that으로 고치는 것이 옳다.
(what → that) 📖 POINT 121

**해석** 우리의 윤리적 행동은 우리가 존경하는 사람들에 의해 긍정적인 시각으로 비춰져야 하는 인지적, 감정적 필요성과 연결되어 있다. 그러나 청소년기에 나타나는 것은 도덕적 자아로 알려진 개념이다. Augusto Blasi는 도덕적 자아가 우리의 윤리적 행동을 동기 부여하는 방법을 개척했다. 더 최근에, 연구원들은 윤리적 지도자들이 강한 도덕적 정체성을 가지고 있다는 개념을 모델링하고 실험해 왔다.

> **구문분석**
> Our ethical behavior / is linked to our cognitive and emotional need / (to be seen [in a positive light] [by those / we admire]). (But) (what emerges [during adolescence]) / is a concept / known as the moral self. Augusto Blasi / pioneered the ways / in which the moral self / motivates our ethical actions. (More recently,) researchers / have been modeling and testing the notion / that ethical leaders / have a strong moral identity.

## 100  정답 ②

**정답해설**

② 문장의 맨 앞인 부사 자리에 -ing 형태가 쓰여 분사구문이 되었다. 분사구문에 주어가 없으면 주절의 주어와 같아서 생략된 것으로 보는데, '날씨, 시각, 거리, 요일'을 나타내는 문장은 앞에 아무 의미 없는 주어 it(비인칭 주어)을 쓴다. 따라서 이 문장에도 it을 써야 한다.
(being cold → It being cold) ▪ 2018 지방직 9급(사복)  POINT 077

**오답해설**

① '내가 도착한 것'이 과거이고, '영화가 시작한 것'은 그보다 앞선 일이므로 대과거를 쓴 것은 올바르다. ▪ 2018 지방직 9급(사복)
 POINT 055

③ POINT 1 thought 뒤의 목적어절에서 접속사 that이 생략('V + S + V' 구조)되었다.
POINT 2 주절의 동사가 과거 시제로 쓰였으므로, 종속절의 동사 역시 시제 일치하여 과거형 would로 썼다.
POINT 3 '파산하다'를 의미할 때에는 go bankrupt 또는 go into bankruptcy로 쓴다.
POINT 4 '가까스로 ~하다'를 의미하는 동사 manage는 뒤에 준동사 목적어로 to ⓡ 형태를 쓴다. 따라서 to get by를 쓴 것은 올바르다.
POINT 5 get by는 '그럭저럭 살아 나가다'를 의미하는 올바른 표현이다. ▪ 2018 지방직 7급  POINT 067 (포인트4)

④ '일반 물가'를 지칭할 때에는 prices를 쓴다. ▪ 2018 지방직 7급

> **구문 분석**
> 
> ① 우리가 도착했을 때 영화는 이미 시작했었다.
> → The movie / had (already) started / when we / arrived.
>        S            V                      S       V
> 
> ② 바깥 날씨가 추웠기 때문에 나는 차를 마시려 물을 끓였다.
> → It being cold outside, I / boiled some water / (to have tea).
>   비인칭 주어  분사구문(-ing)  S      V       O          부사
> 
> ③ 사람들은 우리가 파산할 것으로 여겼으나, 우리는 그럭저럭 견뎌 나갔다.
> → People / thought we / would go bankrupt, but we / managed to get by.
>     S       V   S(that)      V              S         V
> 
> ④ 수요가 공급을 초과하면 가격이 오르고 그 반대가 되면 내린다.
> → Prices / go up / when demand / exceeds supply, (and vice versa).
>     S       V         S            V       O

## 101  정답 ②

**정답 해설**
㉠에는 '채택하다, 취하다'를 의미하는 adopt가 아니라, '적응하다, 맞추다'를 의미하는 adapt가 적절하다.
㉡에는 문장과 문장을 연결하는 접속사와 대명사 역할을 동시에 할 수 있는 which가 오는 것이 올바르다. ▣ POINT 122

**해석**
· 게임 산업은 시장의 변화하는 상황들에 적응해야만 한다.
· 나무는 많은 생물들에게 서식지를 제공하고, 그들 모두는 또한 그것(나무)을 식량으로 사용한다.

> **구문 분석**
> · The game industry / must adapt to changing conditions [in the marketplace].
>       S                   V                                     
> · A tree provides homes [for many creatures], all (of which (also) use it [for food]).
>    S    V    Ⓐ            Ⓑ              S              V Ⓡ

## 102  정답 ②

**정답 해설**
② into는 전치사이므로 '조용한'을 의미하는 형용사 silent가 아니라, '침묵, 정적'을 의미하는 명사 silence가 오는 것이 올바르다.
(silent → silence) ▣ POINT 108

**오답 해설**
① '놀라게 하다'를 의미하는 감정동사 stun이 2형식의 be동사 뒤에 쓰였다. 사람들이 '놀라게 하는(능동)' 것이 아니라, '놀라게 된(수동)' 것이므로 수동의 p.p. 형태는 올바르다. ▣ POINT 075
③ '시작하다'를 의미하는 동사 begin 뒤에 목적어 to Ⓡ은 올바르게 쓰였다. ▣ POINT 067
④ 관계대명사 what 뒤에 쓰인 타동사 meant 다음에 목적어가 빠진 불완전한 문장이 왔고, 이 what 앞에 선행사가 없으므로 올바른 표현이다. ▣ POINT 119

**해석** 그들은 그 시장의 성명이 그 도시의 시민으로서 그들의 미래에 대해 어떤 것을 의미했는지 천천히 이해하게 되면서 그 사람들은 놀라서 할 말을 잃었다.

**구문분석**

The people / were stunned [into silence] [as they (slowly) began to realize what the mayor's statement / meant [to their future] [as citizens] [in the city].

## 103 정답 ②

**정답해설** ② '나도' 표현을 쓴 문장이다. 앞 문장의 동사가 have changed로 완료 시제이므로, 조동사 have를 쓰는 것이 올바르다. 주어가 science(단수)이므로 수 일치하여 has로 쓴다.
(is → has) 📖 POINT 103

**오답해설** ① 관계대명사 what 앞에는 명사가 없고, 뒤는 타동사 seen의 목적어가 빠진 불완전한 형태이다. 따라서 what을 쓴 것은 올바르다. 📖 POINT 119

③ as well as를 중심으로 -ing 형태가 나열(building ~ as well as making ~)된 올바른 표현이다.
📖 POINT 002 (나열)

④ 동사 were의 주어는 people(복수)이므로, 수 일치하여 동사 또한 복수 형태로 쓴 것은 올바르다. 📖 POINT 041

**해석** 사람들은 수천 년 동안 그들 주변에서 본 것에 대해 질문을 해 왔다. 그들이 생각해 낸 대답들은 많이 바뀌었다. 과학 그 자체도 역시 그렇다. 과학은 역동적이며, 한 세대가 다음 세대로 전해 주는 아이디어와 발견을 바탕으로 하고, 완전히 새로운 발견이 이루어졌을 때 엄청난 발전을 한다. 변하지 않은 것은 과학을 하는 사람들의 호기심, 상상력, 지능이다. 오늘날 우리는 더 많은 것을 알지도 모르지만, 3,000년 전에 그들의 세계에 대해 깊이 생각한 사람들은 우리만큼이나 똑똑했다.

**구문분석**

People / have been asking questions about what they / have seen [around them] [for thousands of years]. The answers / (they have come up with) / have changed (a lot). So has science itself. Science / is dynamic, building upon (the ideas and discoveries) / which one generation passes on ⟨to the next⟩, as well as making huge leaps (forward) / when (completely) new discoveries / are made). (What hasn't changed) / is the curiosity, imagination and intelligence [of those doing science]. We / might know more (today), but people (who thought (deeply) [about their world] (3,000 years ago)) / were just as smart as we are.

## 104 정답 ④

**정답 해설**
④ 난이형용사 hard 앞에 주어가 사람/사물로 쓰였으므로 뒤의 to ⓡ에는 목적어를 생략한다. 올바른 표현이다.
📖 POINT 079

**오답 해설**
① 비교급의 표현인 more는 항상 than과 짝을 이룬다. as를 than으로 고친다.
(as → than) 📖 POINT 081

② beside는 '~의 옆에'를 의미한다. 문맥상 '문학 이외에도'가 되는 게 자연스러우므로 Besides로 고친다.
(Beside → Besides) 📖 POINT 114

③ 동일인 비교 표현에서는 than 뒤에 형용사를 쓰므로, 앞에는 -er을 쓰지 않고 무조건 more을 쓴다. 따라서 more lucky로 고친다.
(luckier → more lucky) 📖 POINT 082

**해석**
① 우리 인생에서 시간보다 더 소중한 것은 없다.
② 문학 이외에도, 우리는 역사와 철학을 공부해야 한다.
③ 그녀는 영리하다기보다는 운이 좋은 편이다.
④ 그의 소설들은 읽기가 어렵다.

**구문 분석**

① Nothing / is more precious than time ⟨in our life⟩.
    S    V      C            비교

② ⟨Besides literature⟩, we / have to study history and philosophy.
                      S      V             O

③ She / is more lucky than clever.
    S   V    C         C"

④ His novels / are hard to read.
      S       V  C   부사

## 105 정답 ①

**정답 해설**
① 지각동사 hear 뒤에 목적어 me가 왔고, 그 다음에 -ing를 올바르게 썼다. 등위접속사 and를 중심으로 -ing를 나열한 것은 올바르다. 📖 POINT 023

**오답 해설**
② '묻다'의 의미인 동사 ask의 목적어절 자리로, 내용상 '~인지 아닌지'를 써야 하므로 if나 whether를 쓴다.
(that → if/whether) 📖 POINT 015

③ anything 뒤에 목적격 관계대명사 that(which)이 생략되어 있으므로, 뒤에는 불완전한 형태가 와야 한다. it을 삭제해야 한다.
(it → ø) 📖 POINT 123

④ 사역동사 make의 목적격 보어로는 동사원형을 쓰는 것이 올바르다.
(to go away → go away) 📖 POINT 024

**해석** 나는 지난주에 감기로 아팠다. 나의 아버지가 내가 코를 훌쩍거리고 기침하는 걸 들었을 때, 그는 나의 침실 문을 열고 나에게 필요한 게 있는지를 물었다. 나는 그의 친절함과 배려하는 얼굴을 보고 너무 행복했지만, 그가 감기가 떨어지도록 할 수 있는 일은 아무것도 없었다.

**구문분석**

(Last week) I / was sick [with the flu]. (When my father heard me sneezing and coughing), he / opened my bedroom door / to ask me whether I needed anything. I / was (really) happy (to see his kind and caring face), but there / wasn't anything / he could do [to make the flu go away].

---

## 106 정답 ④

**정답해설**

④ 사역동사 make는 목적어 뒤에 Ⓡ(능동) 또는 p.p.(수동)를 보어로 쓰며, to Ⓡ은 쓰지 않는다. 따라서 to feel을 Ⓡ형태로 고친다.
(to feel → feel) ▪ 2017 지방직 7급  POINT 024

**오답해설**

① '동사 Ⓐ by 신체 일부'의 표현인 grab Ⓐ by the arm에서는 정관사 the를 쓴다(소유격을 쓰지 않는다). ▪ 2017 지방직 9급
[숙어 표현]

참고

유사 표현
- hit Ⓐ on the face      Ⓐ의 얼굴을 때리다    hit me on my face (×)
- catch Ⓐ by the hand   Ⓐ의 손을 잡다         catch me by my hand (×)

② '~을 습관으로 삼다'를 의미하는 make it a rule to Ⓡ 표현을 썼다. ▪ 2017 지방직 9급 [숙어 표현]

③ **POINT 1** 대명사가 나오면 반드시 수를 체크한다. 대명사 their(복수)가 지칭하는 것은 앞선 명사 women(복수)이므로 수 일치가 바르게 되었다.

**POINT 2** 타동사 wonder 뒤에 why가 이끄는 목적어절이 온 것으로 적절한 표현이다. 종속절에서는 도치하지 않으므로, 'why + 주어 + 동사'의 어순 또한 올바르다. ▪ 2017 지방직 7급  POINT 054 (포인트1)/POINT 105

### 구문 분석

① 그는 나의 팔을 붙잡고 도움을 요청했다.
→ He / grabbed me [by the arm] and asked for help.
　　S　　V_A　O　　　　　　　등위　　V_B　　O

② 나는 매달 두세 번 그에게 전화하기로 규칙을 세웠다.
→ I / made it a rule (to call him two or three times a month).
　S　 V　O　C

③ 남성들은 왜 여성들이 이상하게 생긴, 높은 신발에 그들의 안락함을 희생하는지 의아해할 수도 있다.
→ Men / may wonder why women sacrifice their comfort [over oddly-shaped, elevated shoes].
　　S　　　V　　　　　S　　　　V　　　O　　　전
　　　　　　　　　　　　　　　　　　　　　　　　　　　　　　　　　　　　　　　명

④ 높은 굽을 신는 가장 중요한 목적은 여성으로 하여금 더 크고, 날씬하고, 섹시하게 느끼도록 하는 것이다.
→ The most important point / [of wearing high heels] is to make a woman feel taller, slimmer and sexier.
　　　　　S　　　　　　　　전　　　명　　　　　　V　사역V　　O　　　Ⓡ　C(A)
　　C(B)　　　C(C)

---

**107** 정답 ②

**정답 해설**
② '너무나 ~해서 ~할 수 없다'를 의미하는 표현으로는 too ~ to Ⓡ을 쓴다.
(so → too) ▪ 2017 국가직 9급 📖 POINT 076

**오답 해설**
① 문장이 only로 시작하는 경우에는 뒤에서 도치가 발생한다. 따라서 did(조) he(주) recognize(동)로 잘 쓰였다. ▪ 2017 국가직 9급 📖 POINT 098

③ POINT 1 take가 '시간/돈이 걸리다'를 의미할 때에는 뒤에 항상 to Ⓡ의 형태를 쓴다.
POINT 2 '최소한'을 의미하는 at least를 쓴 것은 올바르다. ▪ 2017 지방직 9급 추가 채용 📖 POINT 084 (포인트2)

④ POINT 1 명사 The head 뒤에 who가 쓰여 관계대명사가 되었다. 관계대명사 뒤에 주어가 없는 불완전한 문장이 올바르게 쓰였다. 동사 receives의 주어는 앞선 선행명사 The head(단수)이므로, 단수 형태인 receives를 쓴 것 또한 적절하다.
POINT 2 문장 전체의 동사는 has to take인데, 주어 the head(단수)에 수 일치하여 단수 형태로 올바르게 쓰였다.
▪ 2017 지방직 9급 추가 채용 📖 POINT 116 (포인트1)/POINT 041 (포인트2)

**구문분석**

① 그 회의 후에야 그는 금융 위기의 심각성을 알아차렸다.
→ Only [after the meeting] did he recognize the seriousness [of the financial crisis].

② 그는 문자 메시지에 너무 정신이 팔려서 제한 속도보다 빠르게 달리고 있다는 것을 몰랐다.
→ He / was (too) distracted (by a text message) / to know / that he was going (over the speed limit).

③ 그 프로젝트를 완성하는 데 최소 한 달, 어쩌면 더 긴 시간이 걸릴 것이다.
→ It / will take (at least) a month, (maybe longer / to complete the project).

④ 월급을 두 배 받는 그 부서장이 책임을 져야 한다.
→ The head [of the department], / (who receives twice the salary,) / has to take responsibility.

---

## 108 정답 ④

**정답해설**
④ 주어가 the idea이다. 그러므로 동사도 단수 형태인 explains가 되어야 한다.
 (explain → explains) ▣ POINT 041

**해석** 대학에 대한 접근을 할당하는 정의가 대학이 제대로 추구해야 하는 선과 관련있다는 생각은 대학 입학증을 파는 것이 왜 부당한지를 설명해 준다.

**구문분석**
The idea / that (justice [in allocating access] [to a university] has something to do with the goods / that universities properly pursue) / explains (why selling admission is unjust).

---

## 109 정답 ④

**정답해설**
④ 동사가 isn't와 leads 두 개가 있는 것으로 보아, that은 접속사로 쓰였다. 접속사 that 뒤에는 완전한 형태가 와야 하는데, 이 문장에서는 뒤에 주어가 빠진 불완전한 형태가 왔다. 따라서 that을 관계대명사 what으로 고친다.
 (that → what) ■ 2017 지방직 9급 ▣ POINT 121

**오답해설**
① '말하다'를 의미하는 tell은 수여동사로, 뒤에 '㊀ + that절'을 목적어절로 쓸 수 있다. ■ 2017 서울시 9급 ▣ POINT 013
② * 빈도부사 hardly가 ㊈㉳㉵의 순서로 쓰인 것은 옳다.
 * "~로 의사소통하다"의 의미로 make oneself understood in~ 을 쓴 것은 옳다. ■ 2017 서울시 9급 ▣ POINT 113

③ **POINT 1** tell은 수여동사로, 뒤에 다음의 구조를 쓴다.

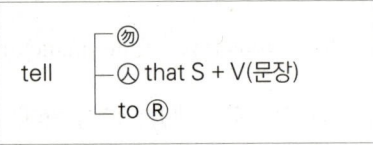

**POINT 2** stop -ing는 '~하는 것을 그만두다'를 의미하고, stop to ⓡ은 '~하기 위해서 멈추다/멈춰 서다'를 의미한다. 따라서 문맥상 -ing를 쓴 것은 올바르다. ▪ 2017 지방직 9급　**POINT 013** (포인트1)/**POINT 069** (포인트2)

**해석**
① 존은 메리에게 그가 일찍 떠날 것이라고 말했다.
② 나는 영어로 거의 의사소통을 할 수 없다.
③ Julie의 담당의가 그녀에게 너무 많은 가공식품을 그만 먹으라고 말했다.
④ 학문적인 지식이 항상 너를 올바른 결정으로 이끄는 것은 아니다.

**구문분석**

① John told Mary that he would leave early.
　　S　　V　　I.O　　　　D.O

② I / can hardly make myself understood ⟨in English⟩.
　 S　　　V　　　O　　　p.p.

③ Julie's doctor / told her [to stop eating so many processed foods].
　　　S　　　　V　　O　　　　　　　　　C

④ Academic knowledge isn't (always) what leads you to make right decisions.
　　　　　S　　　　　V　　　　관·대　　V　　O　　　　C

## 110  정답 ①

**정답해설**
① which는 관계대명사로, 뒤에 불완전한 문장이 이어지는 것이 원칙이다. 그런데 해당 부분은 뒤에 완전한 구조의 문장이 왔으므로, 관계대명사 which를 관계부사 where로 고치는 것이 적절하다.
(which → where)　**POINT 116**

**오답해설**
② 앞서 '삼가다'를 의미하는 동사 refrain from이 쓰였고, 해당 부분은 전치사 from 뒤의 목적어 자리이다. 따라서 -ing 형태를 쓴 것은 적절하다.　**POINT 108**
③ 접속사 while 뒤에 -ing 형태가 쓰여 분사구문이 되었다. 분사구문에서 -ing는 능동으로, 타동사인 '방문하다'를 의미하는 visit 뒤에 목적어(the West)까지 올바르게 쓰였다.　**POINT 077**
④ '~에 대한 금지'를 의미하는 표현인 ban on에서 전치사 on이 올바르게 쓰였다. [숙어 표현]

**해석** UAE의 관리자들은, Emirati 관광객이 오하이오에서 체포된 사건에 반응하면서, Arab권 나라로부터 오는 여행자들은 "그들의 안전을 확실하게 하기 위해" 서양을 방문하는 동안 공공장소에서 "민족 의상을 입는 것을 삼가"해야 한다고 일요일에 경고했으며, 두바이 뉴스 보도에 따르면, 유럽 국가들에서는 여성들이 얼굴에 착용해야 하는 베일에 대한 금지도 준수해야 한다고 말했다.

구문분석

Officials [in the UAE], (responding to an incident where an Emirati tourist / was arrested in Ohio,) cautioned (Sunday) / that travelers [from the Arab country] / should "refrain from wearing the national dress" [in public places] (while visiting the West "to ensure their safety") and said / that women / should abide by bans [on face veils] [in European countries], [according to news reports] [from Dubai].

분사구문

## 111 정답 ②

**정답해설**

② 이 문장에서 동사는 has been promised로, 앞선 주어 A week's holiday와 올바르게 수 일치되었다. 문맥상 휴가가 '(무언가를) 보장하는(능동)' 것이 아니라, '보장되는(수동)' 것이므로 수동태로 쓴 것은 적절하다. ▪ 2017 지방직 9급 추가 채용 📖 POINT 062

**오답해설**

① '~할 운명이다(~로 운명 지어지다)'를 의미할 때에는 수동의 형태인 be destined to ⓡ로 쓰는 것이 올바르다.
(destined → is destined) ▪ 2017 지방직 9급 추가 채용 📖 POINT 062

③ how는 '어떻게' 또는 '얼마나'를 의미하는데, '어떻게'를 의미할 때에는 뒤에 '주어 + 동사'의 문장이 나오고, '얼마나'를 의미할 때에는 뒤에 ⑱/㉨가 따라 나온다. 이 문장은 how 뒤에 형용사 indignant가 있는 것으로 보아 '얼마나'를 의미함을 알 수 있다. 그런데 이때, 형용사가 맞는지 부사가 맞는지 잘 체크해 보아야 한다. how가 이끄는 절이 'he(주어) responded to(동사) her final question(목적어)'의 완전한 3형식이므로 how 뒤에는 부사가 와야 한다. 따라서 형용사를 부사로 고친다.
(indignant → indignantly) ▪ 2017 지방직 7급 📖 POINT 123

④ 관계대명사 who절의 동사 reacts의 주어는 앞선 명사 ambassadors이다. 주어가 복수이므로 동사 또한 수 일치하여 복수 형태로 고치는 것이 올바르다.
(reacts → react) ▪ 2017 지방직 7급 📖 POINT 116

**해석**
① 그녀는 다른 사람들을 돕고 살 운명이다.
② 일주일간의 휴가가 모든 직원들에게 약속되었다.
③ 그녀는 그가 자신의 마지막 질문에 얼마나 분개하며 대답했는지에 대해 눈에 띄게 화가 났다.
④ 분명히, 이러한 상황은 대사들에게 알려져 있는데, 대사들은 그것에 대해 호의적이지 않은 반응을 보인다.

**구문분석**

① She / is destined [to live a life of serving others].
   S    V       C          부사적 용법: ~하도록

② A week's holiday / has been promised [to all the office workers].
   S                V              C          전+명

③ She / was (noticeably) upset [by how indignantly he responded] [to her final question].
   S    V              C           S            V

④ (Obviously,) this state [of affairs] / is known [to the ambassadors], who / react (unfavorably) [to it].
                S                       V    C        전    명              관·대   V              전 명

## 112 정답 ③

**정답해설**

③ ', and'를 통해 3개 이상이 나열되었음을 알 수 있다. and 앞에 명사 your performance, your attitude가 나열되고 있으므로 for your improving 또한 명사 형태로 고치는 것이 올바르다.
(for your improving → your improvement) • 2017 지방직 7급  POINT 002

**오답해설**

① '상기시키다'를 의미하는 동사 remind는 다음의 구조를 따른다. • 2017 서울시 9급  POINT 012

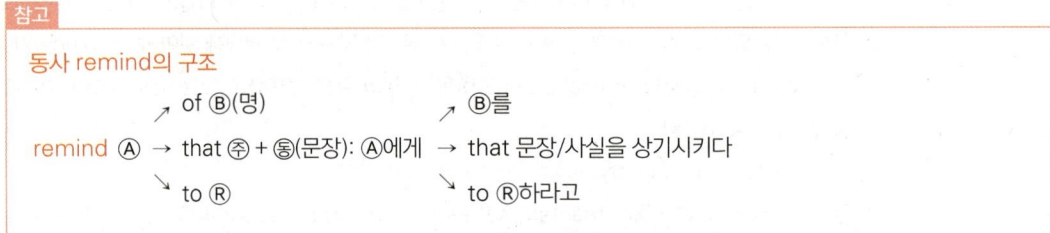

참고
동사 remind의 구조

remind Ⓐ → of Ⓑ(명)            → Ⓑ를
         → that (주)+(동)(문장):  → that 문장/사실을 상기시키다
         → to Ⓡ               → to Ⓡ하라고

② POINT 1 동사 is와 주어 The Main Street Bank(단수)의 수 일치가 올바르게 되었다.
   POINT 2 is said는 수동태로, 뒤에 목적어를 쓰지 않은 것은 올바르다.
   POINT 3 수여동사 give 뒤에는 ⓜⓢ을 쓰고, ⓜⓢ으로 나타낼 경우에는 전치사 to를 쓴다. (give ⓜ to Ⓡ) • 2017 지방직 7급  POINT 014 (포인트3)

④ POINT 1 전치사 of 뒤에는 명 또는 -ing를 쓴다. 이 문장은 of 뒤에 -ing 형태인 getting을 썼으므로 올바른 표현이다.
   POINT 2 '막다, 금지하다, 예방하다' 등을 의미하는 동사 prevent는 뒤에 '목 from 명/-ing'의 형태를 쓰는 것이 올바르다. (prevent Ⓐ from Ⓑ-ing) • 2017 지방직 9급  POINT 009 (포인트2)

**해석**
① 존은 메리에게 그곳에 일찍 도착해야 한다고 상기시켰다.
② Main Street Bank는 믿을 만한 고객들에게 규모와 상관없이 대출을 해 준다고 한다.
③ 당신의 진행을 평가함에 있어서, 나는 당신의 성과, 태도, 그리고 개선을 고려했습니다.
④ 다치는 것에 대한 두려움은 그가 무모한 행동에 참여하는 것을 막지 못했다.

구문분석

① John / reminded Mary / that she should get there early.
　　S　　　V　　　Ⓐ　　　　　　that절

② The Main Street Bank / is said to give loans [of any size] [to reliable customers].
　　　　S　　　　　　V　　　　　　C

③ [(In) evaluating your progress,] I have taken into account your performance, your attitude,
　　└─ in -ing ─┘　　　　　　　　S　　　V　　　　　　　　　O(Ⓐ)　　　　　O(Ⓑ)
and your improvement.
　　　O(Ⓒ)

④ The fear / [of getting hurt] / didn't prevent him [from engaging in reckless behaviors].
　　S　　　　　　　　　　　　　　V　　　　　O

## 113  정답 ③

**정답해설**  ③ to be maintained는 수동태로, 이 경우에는 뒤에 목적어가 올 수 없다. 그런데 이 문장에는 the society and its traditions라는 목적어가 있으므로 틀렸다. 따라서 능동태로 고쳐야 한다.
(to be maintained → to maintain) **POINT 064**

**오답해설**  ① 명(countries)뒤에 쓰인 where은 관계부사로 뒤에 완전한 구조의 문장이 온 것은 옳다. **POINT 116**

②  동사가 현재 완료 시제로 나오면 반드시 수를 체크한다. 동사 has의 주어는 religion(단수)이므로 수 일치하여 잘 쓰였다.

**POINT 2**  부사 closely는 identified를 수식하는 것으로 올바르게 쓰였다.

**POINT 3**  해당 부분의 동사는 수동태로, 뒤에 목적어가 빠진 형태로 잘 쓰였다. **POINT 064**

④ 대명사 its가 가리키는 것은 the society(단수)로, 대명사 또한 단수 형태로 쓴 것은 올바르다. **POINT 054**

**해석**  힌두교와 이슬람교에서처럼 종교가 한 민족의 문화와 밀접한 관계를 맺고 있는 나라에서는, 종교 교육이 사회와 그 전통을 유지하기 위해 필수적이다.

구문분석

[In countries] / where religion / has been (closely) identified [with a people's culture], [as in
　전　　　명　　　관·부　　S　　　　　V　　　　　　　　C
Hinduism and Islam,]) religious education / has been essential to maintain the society and its
　　　　　　　　　　　　　　　S　　　　　　　　V　　　C　　　　　　　　　　O　　└ 등위 ┘
traditions.

## 114 정답 ②

**정답해설**
② and로 인한 병렬 구조를 파악해야 한다. 앞에 To control이 있으므로, 이에 따라 making을 to make로 고치는 것이 올바르다.
(making → to make) ▪ 2017 국가직 9급 추가 채용 📖 POINT 002

**오답해설**
① 부사 자리에 -ing가 쓰여 분사구문이 되었다. 자동사로서 능동으로만 쓰이는 be가 -ing 형태로 올바르게 쓰였고, 이 being의 주어는 앞선 The dinner이다. ▪ 2017 국가직 9급 추가 채용 📖 POINT 077
③ 주어가 A or B 구조로 되어 있는 경우에는 '동사와 가까운 B'에 수 일치한다. 이 문장에서 B에 해당하는 것은 where she buys them으로 문장의 형태이다. 문장 주어는 단수 취급하므로, 단수 형태의 동사 does not interest를 쓴 것은 올바르다. ▪ 2017 지방직 7급 📖 POINT 044 / POINT 045
④ 정보명사 the fact 뒤에 동격의 접속사 that절이 쓰였다. 동격접속사 that절에는 완전한 문장이 이어져야 하는데, he is now in good financial condition이라는 완전한 형태의 1형식 문장이 왔으므로 올바른 표현이다. ▪ 2017 지방직 7급 📖 POINT 118

**구문분석**
① 식사가 준비됐을 때, 우리는 식당으로 이동했다.
→ The dinner being ready, we / moved [to the dining hall].
     S        분사구문    S    V

② 과정을 관리하면서 발전시키는 것이 나의 목표였다.
→ (To control the process and to make improvement) was my objectives.
         S                                          V    C

③ 그녀의 남편은 부인이 옷값으로 얼마를 지불하는지 혹은 어디서 구입하는지에 관심이 없다.
→ (How much she pays for her clothes) or (where she buys them) / does not interest her husband.
              (복수)                              (복수)                V              O

④ 그가 현재 양호한 재정 조건하에 있다는 사실 외에는 나로서는 보고할 새 소식이 없다.
→ [Other than the fact that he is (now) [in good financial condition]], I / have no news (to report).
                              S  V₁                                      S     V     O
                                                                                        형용사적 용법: ~할

## 115 정답 ①

**정답해설**
① 최상급을 표현한 것으로 앞에 정관사 the를 쓴 것은 옳다. 📖 POINT 081

**오답해설**
② 동사 highlight는 '~을 강조하다'를 의미하는 타동사로, -ing 형태로 쓰는 경우에는 뒤에 목적어가 있어야 한다. 그런데 주어진 문장에는 뒤에 목적어가 빠져 있고, 주어 weekends는 '강조되는(수동)' 것이다. 따라서 highlighting을 p.p. 형태로 고치는 것이 올바르다.
(highlighting → highlighted) 📖 POINT 062

③ help는 준사역동사로 뒤에 to ⓡ/ⓡ을 쓰고 –ing를 쓰지 않는다. 따라서 locating을 (to) locate으로 고치는 것이 옳다.
(locating → locate) 📕 POINT 024

④ 사역동사 have의 목적격 보어로 –ing 형태가 쓰였다. –ing는 능동의 의미로 활동들이 무언가를 계획한다는 것은 자연스럽지 못하며, 활동들이 '계획되는(수동)' 것이므로 p.p로 고치는 것이 옳다.
(planning → planned) 📕 POINT 024

**해석** 월별 기후 데이터 그래프는 가장 따뜻하고, 가장 시원하고, 가장 습하고, 가장 건조한 시기를 보여 준다. 또한, 주말은 그래프에서 강조되어 표시되어서 당신이 활동을 계획할 경우에 주말 날씨를 신속하게 찾는 데 도움이 될 것이다.

**구문분석**

A graph [of monthly climatological data] / shows the warmest, coolest, wettest and driest times.
　S　　　　　　　　　　　　　　　　　　　V　　O

(Also,) weekends / are highlighted [on the graph] [to help you (quickly) locate the weekend
　　　　S　　　　V　　　　　　　　　　　　　　　　준사역V　O　　　　　　ⓡ

weather] (should you have activities / planned).
　　　　　조　　주　　동　　O ↑후치 수식　p.p.　*if 생략된 가정법

## 116 정답 ①

**정답해설**
① The budget은 '기대되는(수동)' 것이다. 따라서 능동의 형태인 expecting을 수동의 형태인 expected로 고치는 것이 올바르다.
(expecting → expected) ▪ 2017 지방직 9급 추가 채용 📕 POINT 062

**오답해설**
② **POINT 1** 문장이 유도부사 there로 시작되고, 뒤에서 '주어-동사'가 도치되었다. 즉, is의 주어는 뒤의 a lot of work이다. work는 불가산 명사로, 항상 단수 취급하므로 단수동사를 쓴 것은 적절하다.
**POINT 2** 명사 work 뒤에 to ⓡ이 쓰여 앞선 명사를 수식하는 형태가 되었다. 문맥상 일이 '(무언가를) 하는(능동)' 것이 아니라 '행해지는(수동)' 것이므로, 수동의 형태로 to be done을 쓴 것은 올바르다. ▪ 2017 지방직 9급 추가 채용
📕 POINT 102 (포인트1)/POINT 078 (포인트2)

③ 해당 영문장은 양보절이다. 부사 as로 시작했기 때문에 형용사를 먼저 쓰고, 그 다음에 a ⑩의 순서로 썼다. ▪ 2017 국가직 9급
📕 POINT 096

④ 주장·명령·요구·제안동사인 insist 뒤의 that절에는 should ⓡ 또는 ⓡ을 쓴다. 이 문장은 ⓡ의 형태인 be를 썼으므로 올바른 표현이다. ▪ 2017 국가직 9급 📕 POINT 028

**구문분석**

① 예산은 처음 기대했던 것보다 약 25퍼센트 더 높다.
→ The budget / is (about) 25% higher than (originally) expected.
　　　　S　　　 V　　　　　　　C　　　　　　　　　　　C

② 시스템 업그레이드를 위해 해야 될 많은 일이 있다.
→ There / is (a lot of work) (to be done) [for the system upgrade].
　유도부사　V　　　S　　　　　　형

③ 비록 그 일이 어려운 것이었지만, Linda는 그것을 끝내기 위해 최선을 다했다.
→ (As) (difficult a task) as it was, Linda / did her best [to complete it].
　　형 a 명　　　　　　　　S V　　S　　　V　　　O　　부사적 용법: ~하기 위해서

④ 장관은 교통 문제를 해결하기 위해 강 위에 다리를 건설해야 한다고 주장했다.
→ The minister / insisted that a bridge be constructed [over the river] [to solve the traffic problem].
　　　S　　　　　　V　　　　　　S　　(should)　V　　　　　　　　　　　　부사적 용법: ~하기 위해서

## 117　정답　④

**정답해설**
④ 원급 비교 「as ~ as」가 올바르게 쓰였다.
　POINT 1　동사 walk on을 수식하기 위해 부사 briskly가 잘 쓰였다.
　POINT 2　reach는 완전타동사로, 뒤에 바로 목적어를 취한다. 따라서 reached the road는 올바른 표현이다. ▪ 2017 지방직 7급　📖 POINT 081 (원급비교)/POINT 007 (reach)

**오답해설**
① 'find + 목적어 + 목적격 보어'는 '~가 ~임을 알다/깨닫다'를 의미한다. 이 문장에서 형용사 challenging은 목적격 보어인데, 그 앞에 목적어가 오는 대신 뒤에 진목적어인 to부정사(to stay ahead)가 온 구조이다. 따라서 가목적어 it을 써 주어야 올바른 문장이다.
(finding increasingly challenging → finding it increasingly challenging) ▪ 2017 지방직 9급 추가 채용　📖 POINT 003

② prefer는 라틴어 비교급으로 than과 같이 쓰지 못한다. 따라서 than을 to로 고치는 것이 올바르다.
(than → to) ▪ 2017 지방직 9급 추가 채용　📖 POINT 089

③ '~ 사이에'를 의미하는 among은 '모집단이 3 이상/막연한 수'일 때, between은 '모집단이 2'일 때 쓴다. both candidates는 '두 명의 후보자들'을 의미하므로, 모집단이 2인 경우에 쓰는 between으로 고친다.
(among → between) ▪ 2017 지방직 7급

**해석**
① 최고의 소프트웨어 회사들은 (경쟁에서) 앞서는 것이 점점 더 힘들다는 것을 깨닫고 있다.
② 자녀 양육을 위해 큰 도시보다는 작은 마을이 더 선호되는 것처럼 보인다.
③ 두 후보의 공약에 몇 가지 공통점이 있긴 하지만, 그것들 사이에 차이가 크다.
④ 마을로 통하는 길에 이를 때까지 나는 더위가 허용하는 선에서 힘차게 걸었다.

| 구문 분석 | ① Top software companies / are finding it increasingly challenging (to stay ahead).
　　　　　　　S　　　　　　　　　　V　　가목적어　　　　　　　　　C　　　　　진목적어
② A small town / seems to be preferable [to a big city] [for raising children].
　　S　　　　　　　V　　　　　　C
③ (Although there are some similarities [in the platforms] [of both candidates],) the differences
　　유도부사　V　　　　S　　　　　　　　　　　　　　　　　　　　　　　　　　　　　　　S
[between them] are wide.
　　　　　　　　V　C
④ I / walked (on) (as) briskly as the heat would let me until I reached the road / which led to
　 S　　V　　　　　　　　　　원급 비교　　　S　　　V　　O　　S　　V　　O　　관·대　　V
the village.
　　O |

## 118　정답　①

**정답 해설**
① [형]/[부] as ㈜ + ⑤은 양보절이다. 이 때 [형]/[부]는 뒤의 동사 뒤에서 문장 앞으로 이동한 것으로 본다. seem은 '2형식 감각동사'이므로 보어를 필요로 한다. 따라서 보어가 될 수 있는 형용사로 쓴다.
　　(strangely → strange)　📗 POINT 096

**오답 해설**
③ 명사 뒤에 -ing가 쓰여 후치 수식 구조이다. -ing는 능동으로 뒤에 목적어 the kind와 쓴 것은 옳다. (p.p.는 수동으로 뒤에 목적어를 쓸 수 없다.)　📗 POINT 073

④ 명사 life 뒤에 p.p.(associated)가 쓰여 후치수식 구조가 되었다. p.p.는 수동으로 뒤에 목적어 없이 쓴 것은 옳다.
📗 POINT 073

**해석**　이상하게 보일 수 있으나, 사하라 사막은 한때 아프리카 평원과 관련이 있는 동물의 삶을 지탱해 주는 초원의 황야였다.

| 구문 분석 | Strange / as it may seem, the Sahara was (once) an expanse [of grassland] supporting the
　　㈜　　　S　V　　　　　　S　　　　V　　　　　　　C
kind of animal life / associated [with the African plains].
　　　　　　　　　　　　p.p. |

## 119　정답　①

**정답 해설**
① 명사 a book 뒤에 to read가 형용사적 용법으로 올바르게 쓰였고, 그 앞에 의미상 주어로 for ⑤을 쓴 것은 옳다.
📗 POINT 071

**오답 해설**
② need 뒤에 not이 직접 쓰였으므로 need는 조동사로 쓰였다. 조동사 need는 뒤에 to ⓡ을 쓰지 않는다. ⓡ의 형태인 be로 고친다.
　　(to be → be)　📗 POINT 035

③ 절대 불가산 명사인 information은 복수 형태(-s)로 쓰지 않는다.
(informations → information) 📕 POINT 040

④ not A but B(A가 아니라 B이다) 표현으로, or을 but으로 고치는 것이 옳다. A 자리에 a nor b의 병렬구조가 삽입되었다.
(or → but) 📕 POINT 046

**구문분석**

① 나는 내 아들이 읽을 책을 한 권 사야 한다.
→ I / should buy a book ⟨for my son⟩ / to read.
　S　　　V　　　　O　　　　의미상 S

② 그러나 합리적인 행동의 개념은 또한 이성의 개념을 포함하고 있으며, 이성은 자기 중심적일 필요가 없다.
→ ⟨However⟩, the concept / of a rational action / also incorporates the concept / of a reason,
　　　　　　　　　　S　　　　　　　　　　　　　　　　　　V
and reasons / need not be egocentric.
　　S　　　　　　V　　　　　C

③ 그들은 그들의 고객 개인 정보를 비공개로 유지할 것이다.
→ They / will keep their customers' personal information private.
　　S　　　　V　　　　　　　　　O　　　　　　　　　　　O.C

④ 끝까지 생존하는 생물은 가장 강한 생물도, 가장 지적인 생물도 아니고, 변화에 가장 잘 반응하는 생물이다.
→ It / is not the strongest of the species, nor the most intelligent, but the one most responsive
　S　 V　　　　　C　　　　　Ⓐ　　　　　　　　　　C　　　Ⓐ　　　　　　　Ⓑ
⟨to change⟩ / that survives to the end.
└── it-that 강조구문 ──┘

## 120　정답　④

**정답해설** 명사 man 뒤에 -ing가 쓰여 후치 수식 구조가 되었다. name은 '이름을 지어 주다', '명명하다'를 의미하는 5형식 동사이다. 주어진 부분은 'Jacob이라고 이름 지어진(수동) 레바논 사람'이라는 표현이므로 p.p. 형태인 'named'로 고쳐야 한다.
(naming → named) 📕 POINT 073

**오답해설**
① 과거 동사가 올바르게 쓰였다.
② not Ⓐ but Ⓑ에서 전명구의 형태로 올바르게 쓰였다. 📕 POINT 046
③ [전+관·대](=관·부)가 뒤에 완전한 문장과 함께 올바르게 쓰였다. 📕 POINT 116

**해석** 서유럽의 첫 번째 커피숍은 무역이나 상업의 중심지가 아니라 옥스퍼드 대학의 도시에 오픈했고, Jacob이라는 이름의 레바논 사람이 1650년에 시작했다.

**구문분석**

The first coffeehouse / [in western Europe] opened not [in a center of trade or commerce] but
　　　　S　　　　　　　　　　　　　　　　　　　　V
[in the university city of Oxford,] in which a Lebanese man named Jacob / set up shop [in 1650].
　　　　　　　　　　　　　　　　　전+관·대　　　　　S　↑　　p.p.　　C　　　V　　　O

## 121 정답 ①

**정답 해설**

① neither A nor B 구문에서 동사의 수는 동사와 가까운 B에 일치시킨다. 따라서 the biotech laboratory와 수일치하여 동사 또한 단수 형태로 고치는 것이 옳다.
(are → is) **POINT 045**

**오답 해설**

② '~할 수 밖에 없다'의 의미인 have no choice but 뒤에는 항상 to ⓡ을 쓴다. 올바르게 쓰였다. **POINT 037**

③ result는 자동사로 수동태로 쓰지 않는다. 능동태로 쓴 것은 옳다. **POINT 063**

④ 분사구문에서는 항상 「⑲·㈜·⑭」의 세 가지를 확인한다. Utilized 앞에 주어가 없는 것으로 보아 주절의 주어인 animals와 주어가 같아서 생략된 것으로 볼 수 있다. 이 주어를 고려해 해석하면, '동물들이 이용되다'의 의미가 되어 해석이 어색하지 않다. 따라서 수동의 형태인 p.p.로 쓴다. (-ing의 형태는 능동이므로, '활용하다'의 의미인 타동사 utilize 뒤에 목적어가 있어야 하는데 목적어가 없다. 또한 주어를 고려해 해석하면, '동물들이 무언가를 활용하다'의 의미가 되어 어색하다.) **POINT 077**

**해석**

① 연구 조교 협회나 그 생명공학 연구소 둘 다 1년 넘게 맹렬히 계속되어 온 급여에 대한 논쟁에서 결정타를 가할 준비가 되어 있지 않다.

② 그녀는 그 사고 때문에 그녀의 목표를 포기할 수밖에 없었다.

③ 몇몇 추산에 따르면, 삼림벌채는 전 세계의 삼림의 80퍼센트 정도가 손실되는 결과를 가져왔다.

④ 다른 기술과 함께 이용되는 동물들은 인간의 생활수준을 매우 크게 높일 수 있다.

**구문 분석**

① Neither the research assistant's consortium nor the biotech laboratory is poised ⟨to strike a decisive blow⟩ / in the debate [over salaries] / that has been raging ⟨for over a year⟩.

② She / had no choice but to give up her goal ⟨because of the accident⟩.

③ ⟨By some estimates⟩, deforestation / has resulted in the loss of as much as eighty percent of the natural forests ⟨of the world⟩.

④ Utilized ⟨with other techniques⟩, animals / can raise human living standards ⟨very considerably⟩.

## 122 정답 ③

**정답 해설**
③ 관계대명사 what 앞에는 명사(선행사)를 두지 않는다. 그런데 해당 부분 앞에는 명사 passages가 있으므로 what을 쓸 수 없다. 따라서 관계대명사 that으로 고친다.
(what → that) 📖 POINT 121

**오답 해설**
① '대부분의'를 의미하는 most 뒤에 명사를 쓴 것으로 올바른 표현이다. 📖 POINT 052
② 명사 styles를 수식하는 형용사 distinctive의 쓰임은 올바르다. 📖 POINT 107
④ 동사 attribute는 attribute A to B의 형태로 쓴다. 따라서 전치사 to의 쓰임은 올바르다. 📖 POINT 006

**해석** 대부분의 소설 독자들은 그들이 좋아하는 작가들이 특유의 스타일을 가지고 있다고 직관적으로 느끼고, 몇몇 섬세한 독자들은 심지어 그들이 이전에 읽지 않았던 구절들을 이러한 작가들 중 한 사람 혹은 다른 작가들에게 귀속시킬 수 있다.

**구문 분석**
Most readers / [of novels] (intuitively) / feel that their favorite authors have distinctive styles,
  S                                              V  접      S              V         O
and some sensitive readers / can even attribute passages / that they have not read (previously)
      S                            V              O(Ⓐ)        관·대      S      V
to one or another of these authors.
      (Ⓑ)


## 123 정답 ①

**정답 해설**
① '~조차 않다'를 의미하는 not so much as의 유사 표현인 never so much as를 배제하고 보면, 타동사 mention이 뒤에 목적어 it과 함께 올바르게 쓰였음을 알 수 있다. ▪ 2017 국가직 9급 추가 채용 📖 POINT 007

**오답 해설**
② independent가 형용사이므로, 그 앞에는 형용사를 꾸미는 부사 financially가 적절하다.
(financial → financially) ▪ 2017 국가직 9급 추가 채용 📖 POINT 017
③ '너무나 ~해서 ~할 수 없다'를 의미할 때에는 too ~ to Ⓡ을 쓰거나 so ~ that ~ can not을 쓴다. 이 문장은 뒤에 to Ⓡ이 있으므로, 앞선 so를 too로 고친다.
(so → too) ▪ 2017 지방직 9급 📖 POINT 076
④ 동사가 길면 동사의 기본 정보인 '수/시/태'를 확인한다. has been protected는 '단수/현재완료/수동태'이므로 뒤에 목적어를 쓸 수 없다. 그런데 이 문장에는 목적어 Egypt가 있으므로 능동으로 고친다.
(has been protected → has protected) ▪ 2017 지방직 9급 📖 POINT 064

**해석** ① 그녀는 결코 그것을 말한 적이 없다.
② 그녀는 금전적으로 독립하고 싶어 한다.
③ 토성의 띠는 너무 멀어서 망원경 없이는 지구에서 관측될 수 없다.
④ Aswan High 댐은 이집트를 주변국들의 기근으로부터 지켜 주었다.

| 구문분석 | ① She / (never) (so much as) mentioned it.
　　　　　S　　　　　　　　　　　　　V　　　O
② She / would like to be (financially) independent.
　S　　　　V　　　　　　　　　　　　　C
③ The rings / [of Saturn] / are too distant (to be seen [from Earth without a telescope]).
　　S　　　　　　　　　　　V　　　C
④ The Aswan High Dam / has protected Egypt [from the famines] [of its neighboring countries].
　　　S　　　　　　　　　　V　　　　　O |

## 124 정답 ④

**정답해설** ④ 이 문장의 동사는 is인데, 앞선 주어 자리를 보면 주어는 없고 p.p.가 나와서 C-V-S 도치 문장이 되었다. 따라서 동사 is의 주어는 뒤의 The Enchanted Horse(작품명/단수)이므로 단수동사를 쓴 것은 올바르다. ▪ 2017 지방직 9급
📖 POINT 101

**오답해설** ① suffer from은 자동사이므로 수동태로 쓸 수 없다. 따라서 is를 지워야 한다.
(is suffered from → suffered from) ▪ 2017 국가직 9급 추가 채용 📖 POINT 063
② during은 이름 또는 특정 기간과 함께 쓴다. 이 문장과 같이 막연한 기간이나 숫자를 나타낼 때에는 전치사 for와 함께 쓴다.
(during → for) ▪ 2017 국가직 9급 추가 채용 📖 POINT 055
③ '명1 + [전 + 명2]' 형태인 many forms of life 뒤에 that이 쓰여 관계대명사가 되었다. 이 관계대명사는 뒤의 명2를 수식할 수도, 앞선 명1을 수식할 수도 있다. 이때에는 해석을 통해 의미를 파악해야 한다. 문맥상 발견되지 못한 것은 '생명(체)'이 아니라 앞선 명사인 '많은 형태(복수)'이므로, 복수동사를 쓰는 것이 올바르다.
(has → have) ▪ 2017 지방직 9급 📖 POINT 118

**해석** ① 가족 전체가 감기로 고생하고 있다.
② 나의 아빠는 6주 동안 병원에 있었다.
③ 바다는 아직 발견되지 않은 많은 형태의 생물을 담고 있다.
④ 다른 유명한 동화들 중에 이 시리즈에 포함된 것은 "The Enchanted Horse(마법에 걸린 말)"이다.

| 구문분석 | ① The whole family / suffered from the flu.
　　　S　　　　　　V　　　　　C
② My father / was [in the hospital] [for six weeks].
　S　　　　V₁
③ The oceans / contain many forms [of life] / that have (not yet) been discovered.
　　S　　　　V　　　O　　　　　　　관·대　　　V　　　　　　C
④ Included [in this series] / is "The Enchanted Horse," [among other famous children's stories].
　C(p.p.)　　　　　　　　　V　　　S　　　　　　　　　　　전　　　　　　　　명 |

## 125  정답 ②

**정답해설** ② 대명사 them이 가리키는 것은 앞선 명사 electricity(단수)로, 대명사를 단수 형태로 써야 한다. 따라서 them을 it으로 고치는 것이 옳다.
(them → it) 📘 POINT 054

**오답해설** ① 주어 자리에 -ing(동명사)를 쓴 것으로, 동명사 주어는 단수 취급한다. 따라서 동사 또한 단수형으로 쓴 것은 옳다.
📘 POINT 044

③ 앞선 as를 고려하면 원급 비교로 썼음을 알 수 있다. 올바른 표현.
* 참고 │ 원급 비교에서 「as ~ as」는 긍정문, 부정문 모두에 쓰고 「so ~ as」는 부정문에만 쓴다. 📘 POINT 081

④ 관계대명사 which 뒤에는 불완전한 형태가 와야 한다. 따라서 타동사의 능동형인 using 뒤에 목적어가 빠진 불완전한 형태가 온 것은 올바르다. 📘 POINT 116

**해석** 전기 에너지를 만드는 것 또한 환경 문제를 야기한다. 우리는 전기를 포기할 수는 없지만, 전기를 사용하는 방법은 통제할 수 있다. 우리는 현재 우리가 사용하고 있는 에너지만큼 환경에 해롭지 않은 대체 에너지원을 사용할 수 있다.

**구문분석**
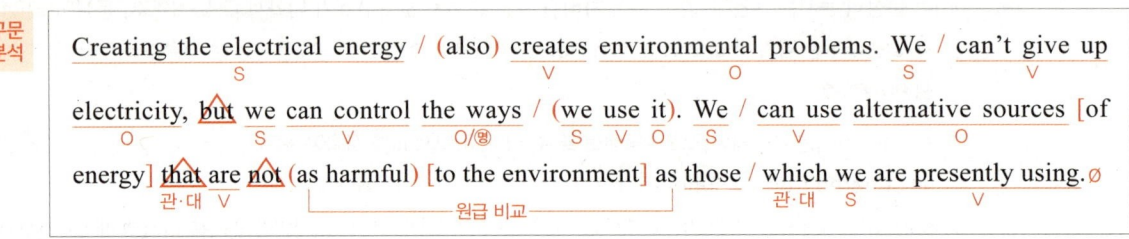